DIE GEHEIMNISSE DER ITALIENISCHEN KÜCHE

2022

ITALIENISCHES KOCHBUCH AUTHENTISCHEN REZEPTEN

JONAS FABBRI

INHALTSVERZEICHNIS

Garnelen-Reis-Salat

Insalata di Riso con Gamberi

Ergibt 4 Portionen

Fiumicino außerhalb Roms ist bekannt als Standort eines der größten Flughäfen Italiens, benannt nach dem Künstler Leonardo Da Vinci. Fiumicino ist aber auch ein Seehafen, in den die Römer im Sommer gerne gehen, um die kühle Brise zu genießen und in einem der großartigen Fischrestaurants am Ufer zu essen. In Bastianelli al Molo saßen wir unter einem großen weißen Regenschirm auf der Terrasse und beobachteten das Meer. Ich hatte eine Mahlzeit mit mehreren Gängen, die diesen einfachen Garnelen-Reis-Salat enthielt.

Gekochter Langkornreis härtet im Kühlschrank aus. Machen Sie diesen Salat also kurz vor dem geplanten Servieren.

2 Tassen Langkornreis

1/3 Tasse natives Olivenöl extra

3 Esslöffel frischer Zitronensaft

1 Pfund mittelgroße Garnelen, geschält und entdarmt

1 Bund Rucola

2 mittelgroße Tomaten, in Keile geschnitten

1. 4 Tassen Wasser in einem großen Topf zum Kochen bringen. Fügen Sie den Reis und 1 Teelöffel Salz hinzu. Gut umrühren. Reduzieren Sie die Hitze auf niedrig, decken Sie die Pfanne ab und kochen Sie 16 bis 18 Minuten, bis der Reis zart ist. Gießen Sie den Reis in eine große Schüssel.

2. In einer kleinen Schüssel Öl, Zitronensaft sowie Salz und Pfeffer nach Belieben verquirlen. Das halbe Dressing in den Reis einrühren und abkühlen lassen.

3. Schneiden Sie die harten Stängel der Rucola ab und werfen Sie alle vergilbten oder gequetschten Blätter weg. Waschen Sie den Rucola in mehreren kühlen Wasserwechseln. Sehr gut trocknen. Den Rucola in mundgerechte Stücke zerreißen.

4. 2 Liter Wasser in einem mittelgroßen Topf zum Kochen bringen. Fügen Sie die Garnelen und das Salz hinzu, um zu schmecken. Zum Kochen bringen und ca. 2 Minuten kochen, bis die Garnelen rosa sind und gerade durchgekocht sind. Ablassen und unter fließendem Wasser abkühlen lassen.

5. Schneiden Sie die Garnelen in mundgerechte Stücke. Rühren Sie die Garnelen und Rucola in den Reis. Den Rest des Dressings

hinzufügen und gut umrühren. Würzen und Gewürze anpassen. Mit den Tomaten garnieren. Sofort servieren.

Garnelen-, Orangen- und Sardellensalat

Insalata di Gamberi, Arancia und Acciughe

Ergibt 4 Portionen

Eines meiner Lieblingsrestaurants in Venedig ist La Corte Sconta, "der versteckte Innenhof". Trotz seines Namens ist es nicht allzu schwer zu finden, da es sich um eine sehr beliebte Trattoria handelt, die ein Menü mit allen Meeresfrüchtegerichten serviert. Dieser Salat, pikant mit Dijon-Senf, ist von einem inspiriert, den ich dort gegessen habe.

1 kleine rote Zwiebel, dünn geschnitten

2 Teelöffel Dijon-Senf

1 Knoblauchzehe, leicht zerkleinert

4 Teelöffel frischer Zitronensaft

1/4 Tasse natives Olivenöl extra

1 Teelöffel gehackter frischer Rosmarin

Salz und frisch gemahlener schwarzer Pfeffer

24 große Garnelen, geschält und entdarmt

4 Nabelorangen, geschält, weißes Mark entfernt und in Scheiben geschnitten

1 (2 Unzen) Dose Sardellenfilets, abgetropft

1. Legen Sie die Zwiebel in eine mittelgroße Schüssel mit sehr kaltem Wasser, um sie zu bedecken. 10 Minuten stehen lassen. Die Zwiebel abtropfen lassen, erneut mit sehr kaltem Wasser bedecken und weitere 10 Minuten stehen lassen. (Dadurch wird der Zwiebelgeschmack weniger scharf.) Die Zwiebel trocken tupfen.

2. Senf, Knoblauch, Zitronensaft, Öl und Rosmarin in einer großen Schüssel nach Belieben mit Salz und frisch gemahlenem schwarzen Pfeffer verquirlen.

3. Einen mittelgroßen Topf mit Wasser bei mittlerer Hitze zum Kochen bringen. Fügen Sie die Garnelen und das Salz hinzu, um zu schmecken. Kochen, bis die Garnelen rosa werden und je nach Größe ca. 2 Minuten durchgegart sind. Ablassen und unter fließendem Wasser abkühlen lassen.

4. Die Garnelen mit dem Dressing in die Schüssel geben und gut umrühren. Die Brunnenkresse auf Serviertellern anrichten. Top mit den Orangenscheiben. Die Garnelen löffeln und über die

Orangen legen. Die Zwiebelscheiben darüber streuen. Sofort servieren.

Sardinen-Rucola-Salat

Insalata con le Sarde

Ergibt 2 Portionen

Dieser Salat basiert auf einem Salat, den ich in Rom probiert habe und der auf einer dicken Scheibe geröstetem Brot serviert und als Bruschetta serviert wurde. Obwohl ich die Kombination mochte, war es schwer zu essen. Ich bevorzuge es, das Brot als Beilage zu servieren. In Olivenöl verpackte Sardinen in Dosen haben einen köstlichen Rauchgeschmack, der diesem einfachen Salat viel hinzufügt.

1 großer Bund Rucola

2 Esslöffel Olivenöl

1 Esslöffel frischer Zitronensaft

Salz und frisch gemahlener schwarzer Pfeffer

1/2 Tasse schwarz gehärtete Oliven, entkernt und in 2 oder 3 Stücke geschnitten

1 (3 Unzen) Dose Sardinen in Olivenöl

2 Frühlingszwiebeln in dünne Scheiben schneiden

4 Scheiben italienisches Brot, geröstet

1. Schneiden Sie die harten Stängel der Rucola ab und werfen Sie alle vergilbten oder gequetschten Blätter weg. Waschen Sie den Rucola in mehreren kühlen Wasserwechseln. Sehr gut trocknen. Den Rucola in mundgerechte Stücke zerreißen.

2. In einer großen Schüssel Öl, Zitronensaft sowie Salz und Pfeffer nach Belieben verquirlen. Rucola, Oliven, Sardinen und Frühlingszwiebeln hinzufügen und gut verrühren. Würzen und Gewürze anpassen.

3. Sofort mit dem gerösteten Brot servieren.

Gegrillter Jakobsmuschelsalat

Insalata di Capesante alla Griglia

Ergibt 3 bis 4 Portionen.

Große, pralle Jakobsmuscheln werden köstlich gegrillt und auf einem Bett aus zartem Salat und Tomaten serviert. Die Jakobsmuscheln können auf einem Außengrill gekocht werden, aber ich mache diesen Salat das ganze Jahr über, deshalb koche ich die Jakobsmuscheln meistens auf einer Grillpfanne. Dieser Salat ist inspiriert von einem, den ich oft im I Trulli Restaurant und Enoteca in New York genossen habe.

Olivenöl

1 Pfund große Jakobsmuscheln, gespült

2 Esslöffel frischer Zitronensaft

Salz und frisch gemahlener schwarzer Pfeffer

2 Esslöffel gehacktes frisches Basilikum

1 Esslöffel gehackte frische Minze

2 große reife Tomaten, in mundgerechte Stücke geschnitten

6 Tassen zartes Salatgrün, in mundgerechte Stücke zerrissen

1. Erhitzen Sie eine Grillpfanne bei mittlerer bis hoher Hitze, bis ein Tropfen Wasser brutzelt, wenn er auf die Oberfläche fällt. Die Pfanne leicht mit Öl bestreichen.

2. Die Jakobsmuscheln trocken tupfen und auf die Grillpfanne legen. 2 Minuten kochen lassen, bis die Jakobsmuscheln leicht gebräunt sind. Die Jakobsmuscheln wenden und in der Mitte 1 bis 2 Minuten bräunen und leicht durchscheinend kochen.

3. In einer großen Schüssel den Zitronensaft mit 3 EL Öl verquirlen. Fügen Sie die Jakobsmuscheln hinzu und werfen Sie gut. 5 Minuten stehen lassen und ein- oder zweimal umrühren.

4. Die Kräuter und Tomaten zu den Jakobsmuscheln geben und vorsichtig umrühren.

5. Den Salat auf Serviertellern anrichten. Top mit der Jakobsmuschelmischung und sofort servieren.

Venezianischer Krabbensalat

Insalata di Granseola

Ergibt 6 Portionen

In Venedig gibt es viele Weinbars, Bacari genannt, in denen sich Menschen treffen, um Freunde zu treffen und ein Glas Wein und kleine Teller mit Essen zu probieren. Dieser delikate Salat aus großen Krabben, Granseole genannt, wird oft als Belag für Crostini serviert. In formelleren Restaurants wird es elegant in Radicchio-Tassen serviert. Es ist eine schöne Vorspeise für ein Sommeressen.

2 Esslöffel gehackte frische Petersilie

1/4 Tasse natives Olivenöl extra

2 Esslöffel frischer Zitronensaft

Salz und frisch gemahlener schwarzer Pfeffer nach Geschmack

1 Pfund frisches Krabbenfleisch, gepflückt

Radicchio geht

1. In einer mittelgroßen Schüssel Petersilie, Öl, Zitronensaft sowie Salz und Pfeffer nach Belieben verquirlen. Das Krabbenfleisch hinzufügen und gut umrühren. Geschmack zum Würzen.

2. Die Radicchio-Blätter auf Serviertellern anrichten. Schaufeln Sie den Salat auf die Blätter. Sofort servieren.

Calamari-Salat mit Rucola und Tomaten

Insalata di Calamari

Ergibt 6 Portionen

Die kreuz und quer verlaufenden Schnitte auf der Oberfläche der Calamari (Tintenfisch) führen dazu, dass sich die Stücke beim Kochen fest zusammenrollen. Dies macht den Calamari nicht nur zart, sondern macht ihn auch sehr attraktiv.

Für den besten Geschmack eine gute Marinierzeit einplanen. Sie können die Calamari bis zu drei Stunden im Voraus zubereiten.

11/2 Pfund gereinigte Calamari (Tintenfisch)

2 gehackte Knoblauchzehen

2 Esslöffel gehackte frische Petersilie

5 Esslöffel Olivenöl

2 Esslöffel frischer Zitronensaft

Salz und frisch gemahlener schwarzer Pfeffer

1 großer Bund Rucola

1 Esslöffel Balsamico-Essig

1 Tasse Kirsch- oder Traubentomaten, halbiert

1. Die Calamari der Länge nach aufschneiden und flach öffnen. Ritzen Sie die Körper mit einem scharfen Messer ein und machen Sie diagonale Linien in einem Abstand von etwa 1/4 Zoll. Drehen Sie das Messer und machen Sie diagonale Linien in die entgegengesetzte Richtung, um ein kreuz und quer verlaufendes Muster zu bilden. Schneiden Sie jeden Tintenfisch in 2-Zoll-Quadrate. Schneiden Sie die Basis jeder Gruppe von Tentakeln in zwei Hälften. Die Stücke abspülen, abtropfen lassen und in eine Schüssel geben.

2. Fügen Sie den Knoblauch, die Petersilie, 2 Esslöffel Olivenöl, den Zitronensaft sowie Salz und Pfeffer hinzu, um zu schmecken, und werfen Sie gut. Abdecken und bis zu 3 Stunden vor dem Kochen marinieren.

3. Übertragen Sie den Tintenfisch und die Marinade in eine große Pfanne. Bei mittlerer bis hoher Hitze unter häufigem Rühren etwa 5 Minuten kochen, bis der Tintenfisch undurchsichtig ist.

4. Schneiden Sie die harten Stängel der Rucola ab und werfen Sie alle vergilbten oder gequetschten Blätter weg. Waschen Sie den Rucola in mehreren kühlen Wasserwechseln. Sehr gut trocknen.

Den Rucola in mundgerechte Stücke zerreißen. Den Rucola auf einer Platte anrichten.

5. In einer kleinen Schüssel die restlichen 3 Esslöffel Öl und Essig sowie Salz und Pfeffer nach Geschmack verquirlen. Über den Rucola gießen und gut umrühren. Den Tintenfisch über den Rucola geben. Die Tomaten darüber streuen und sofort servieren.

Hummersalat

Insalata di Aragosta

Ergibt 4 bis 6 Portionen

Sardinien ist berühmt für seine Schalentiere, insbesondere Langusten, bekannt als Astice, und süße Garnelen. Mein Mann und ich aßen diesen frisch schmeckenden Salat in einer kleinen Trattoria am Meer in Alghero, als wir den Fischern zusahen, wie sie ihre Netze für die Arbeit am nächsten Tag reparierten. Einer saß barfuß auf dem Dock. Mit den Zehen umklammerte er ein Ende des Netzes und hielt es straff, so dass beide Hände zum Nähen frei waren.

Dieser Salat kann eine ganze Mahlzeit oder ein erster Gang sein. Eine Flasche gekühlte sardische Vernaccia wäre die perfekte Begleitung.

Einige Fischmärkte dämpfen die Hummer für Sie und ersparen Ihnen einen Schritt.

4 Hummer (jeweils ca. 11/4 Pfund)

1 mittelrote Zwiebel, halbiert und in dünne Scheiben geschnitten

6 Basilikumblätter

4 zarte Sellerierippen, in dünne Scheiben geschnitten

Etwa 1⁄2 Tasse natives Olivenöl extra

2 bis 3 Esslöffel frischer Zitronensaft

Salz und frisch gemahlener schwarzer Pfeffer

Salatblätter

8 dünne Scheiben knuspriges italienisches Brot

1 Knoblauchzehe

3 große reife Tomaten, in Keile geschnitten

1. Stellen Sie ein Gestell oder einen Dampfkorb auf den Boden eines Topfes, der groß genug ist, um alle vier Hummer aufzunehmen. (Ein 8- oder 10-Liter-Topf sollte funktionieren.) Fügen Sie Wasser hinzu, um direkt unter das Gestell zu gelangen. Das Wasser zum Kochen bringen. Fügen Sie die Hummer hinzu und decken Sie den Topf ab. Wenn das Wasser wieder kocht und Dampf aus dem Topf entweicht, kochen Sie die Hummer je nach Größe 10 Minuten oder länger. Übertragen Sie die Hummer auf eine Platte und lassen Sie abkühlen.

2. Die Zwiebel in eine kleine Schüssel geben und mit Eiswasser bedecken. 15 Minuten stehen lassen. Ersetzen Sie das Wasser und lassen Sie es weitere 15 Minuten stehen. Abtropfen lassen und trocken tupfen.

3. In der Zwischenzeit das Hummerfleisch aus den Schalen nehmen. Brechen Sie die Hummerschwänze ab. Entfernen Sie mit einer Geflügelschere die dünne Schale, die das Schwanzfleisch bedeckt. Schlagen Sie mit der stumpfen Seite des Messers auf die Krallen, um sie zu knacken. Brechen Sie die Krallen auf. Entfernen Sie das Fleisch mit Ihren Fingern. Schneiden Sie das Fleisch in dünne Scheiben und legen Sie es in eine große Schüssel.

4. Stapeln Sie die Basilikumblätter und schneiden Sie sie quer in dünne Bänder. Basilikum, Sellerie und Zwiebel mit dem Hummer in die Schüssel geben. Mit 1/4 Tasse Öl und Zitronensaft beträufeln und mit Salz und Pfeffer abschmecken. Gut werfen. Die Hummermischung auf vier mit Salatblättern ausgekleideten Tellern anrichten.

5. Toasten Sie das Brot und reiben Sie es mit einer geschnittenen Knoblauchzehe ein. Den Toast mit dem restlichen Öl beträufeln und mit Salz bestreuen. Die Platte mit Toast und Tomatenschnitzen garnieren. Sofort servieren.

Toskanischer Thunfisch-Bohnen-Salat

Insalata di Tonno alla Toscana

Ergibt 6 Portionen

Toskanische Köche sind berühmt für ihre Fähigkeit, Bohnen genau richtig zu kochen. Zart, cremig und voller Geschmack machen die Bohnen aus einem gewöhnlichen Gericht etwas Besonderes, wie diesen klassischen Salat. Wenn Sie es finden können, kaufen Sie ventresca di tonno, Thunfischbauch, in gutem Olivenöl eingelegt. Der Bauch gilt als der feinste Teil des Thunfischs. Es ist teurer, aber voller Geschmack, mit einer fleischigen Textur.

3 Esslöffel natives Olivenöl extra

1 bis 2 Esslöffel frischer Zitronensaft

Salz und frisch gemahlener schwarzer Pfeffer

3 Tassen gekochte oder konservierte Cannellini-Bohnen, abgetropft

2 zarte Sellerierippen, in dünne Scheiben geschnitten

1 kleine rote Zwiebel, sehr dünn geschnitten

2 (7 Unzen) Dosen italienischer Thunfisch in Olivenöl verpackt

2 oder 3 belgische Endivien, geschnitten und in Speere getrennt

1. In einer mittelgroßen Schüssel Öl, Zitronensaft und Salz nach Belieben verquirlen und reichlich Pfeffer mahlen.

2. Fügen Sie die Bohnen, den Sellerie, die Zwiebel und den Thunfisch hinzu. Gut umrühren.

3. Ordnen Sie die Endivienspeere auf einer Platte. Top mit dem Salat. Sofort servieren.

Couscous Thunfischsalat

Insalata di Tonno e Cuscusu

Ergibt 4 Portionen

Couscous wird in mehreren italienischen Regionen, einschließlich Teilen Siziliens und der Toskana, gegessen. In der sizilianischen Stadt San Vito lo Capo findet jedes Jahr ein Couscous-Festival statt, das Hunderttausende Besucher aus aller Welt anzieht. Traditionell wird der Couscous mit einer Vielzahl von Meeresfrüchten, Fleisch oder Gemüse gekocht und heiß serviert. Dieser schnelle Thunfisch-Couscous-Salat ist ein zufriedenstellendes, modernes Gericht.

1 Tasse schnell kochender Couscous

Salz

2 Esslöffel gehacktes frisches Basilikum

3 Esslöffel Olivenöl

2 Esslöffel Zitronensaft

Frisch gemahlener schwarzer Pfeffer

1 Dose italienischer Thunfisch in Olivenöl verpackt

2 zarte Sellerierippen, gehackt

1 Tomate, gehackt

1 kleine Gurke, geschält, entkernt und gehackt

1. Den Couscous mit Salz nach Geschmack gemäß den Anweisungen in der Packung kochen.

2. In einer kleinen Schüssel Basilikum, Öl, Zitronensaft sowie Salz und Pfeffer nach Belieben verquirlen. Den warmen Couscous einrühren. Gut mischen. Würzen und Gewürze anpassen. Den Thunfisch abtropfen lassen und mit Sellerie, Tomate und Gurke in die Schüssel geben.

3. Gut umrühren. Würzen und Gewürze anpassen. Bei Raumtemperatur servieren oder kurz im Kühlschrank kalt stellen.

Thunfischsalat mit Bohnen und Rucola

Insalata di Tonno, Fagioli und Rucola

Ergibt 2 bis 4 Portionen

Ich denke, ich könnte ein ganzes Buch über meine Lieblings-Thunfischsalate schreiben. Dies ist eine, die ich oft für ein schnelles Mittag- oder Abendessen mache.

1 großes Bündel Rucola oder Brunnenkresse

2 Tassen gekochte oder konservierte Cannellini oder Cranberry Bohnen, abgetropft

1 Dose italienischer Thunfisch in Olivenöl verpackt

1/4 Tasse gehackte rote Zwiebel

2 Esslöffel Kapern, gespült und abgetropft

1 Esslöffel frischer Zitronensaft

Salz und frisch gemahlener schwarzer Pfeffer

Zitronenscheiben zum Garnieren

1. Schneiden Sie die zähen Stängel der Rucola oder Brunnenkresse ab und werfen Sie alle vergilbten oder gequetschten Blätter weg.

Waschen Sie den Rucola in mehreren kühlen Wasserwechseln. Sehr gut trocknen. Zerreißen Sie das Grün in mundgerechte Stücke.

2. In einer großen Salatschüssel die Bohnen, den Thunfisch und das Öl, die roten Zwiebeln, die Kapern und den Zitronensaft verrühren. Gut werfen.

3. Das Gemüse einrühren und mit Zitronenscheiben garniert servieren.

Freitagabend Thunfischsalat

Insalata di Venerdi Sera

Ergibt 4 Portionen

Zu einer Zeit waren Freitage fleischlose Tage in katholischen Häusern. Das Abendessen in unserem Haus bestand normalerweise aus Nudeln und Bohnen und diesem einfachen Salat.

1 Dose italienischer Thunfisch in Olivenöl verpackt

2 Rippen Sellerie mit Blättern, geschnitten und in Scheiben geschnitten

2 mittelgroße Tomaten, in mundgerechte Stücke geschnitten

2 hart gekochte Eier, geschält und geviertelt

3 oder 4 Scheiben rote Zwiebel, dünn geschnitten und geviertelt

Prise getrockneter Oregano

2 Esslöffel natives Olivenöl extra

1/2 eines mittelgroßen Kopfes Römersalat, gespült und getrocknet

Zitronenscheiben

1. Den Thunfisch mit seinem Öl in eine große Schüssel geben. Den Thunfisch mit einer Gabel in Stücke schneiden.

2. Fügen Sie den Sellerie, die Tomaten, die Eier und die Zwiebel zum Thunfisch hinzu. Mit Oregano und Olivenöl bestreuen und leicht verrühren.

3. Die Salatblätter auf einer Platte anrichten. Top mit dem Thunfischsalat. Mit Zitronenschnitzen garnieren und sofort servieren.

Gorgonzola und Haselnuss Dressing

Salsa di Gorgonzola und Nocciole

Macht etwa 2/3 Tasse

Ich hatte dieses Dressing im Piemont, wo es auf Endivienblättern serviert wurde, aber es ist gut für eine beliebige Anzahl von zähen Grüns wie Frisée, Escarole oder Spinat.

4 Esslöffel natives Olivenöl extra

1 Esslöffel Rotweinessig

Salz und frisch gemahlener schwarzer Pfeffer

2 Esslöffel zerbröckelte Gorgonzola

1/4 Tasse gehackte geröstete Haselnüsse (sieheToasten und Hautnüsse)

In einer kleinen Schüssel Öl, Essig sowie Salz und Pfeffer nach Belieben verquirlen. Gorgonzola und Haselnüsse einrühren. Sofort servieren.

Zitronencreme-Dressing

Salsa di Limone alla Panna

Macht etwa 1/3 Tasse

Ein bisschen Sahne nimmt einem zitronigen Dressing den Rand. Ich mag das auf zarten Salatblättern.

3 Esslöffel natives Olivenöl extra

1 Esslöffel frischer Zitronensaft

1 Esslöffel Sahne

Salz und frisch gemahlener schwarzer Pfeffer

In einer kleinen Schüssel alle Zutaten verquirlen. Sofort servieren.

Orangenhonig-Dressing

Citronette al'Arancia

Macht etwa 1/3 Tasse

Die Süße dieses Dressings passt perfekt zu gemischten Grüns wie Mesclun. Oder probieren Sie es mit einer Kombination aus Brunnenkresse, roten Zwiebeln und schwarzen Oliven.

3 Esslöffel natives Olivenöl extra

1 Teelöffel Honig

2 Esslöffel frischer Orangensaft

Salz und frisch gemahlener schwarzer Pfeffer

In einer kleinen Schüssel alle Zutaten verquirlen. Sofort servieren.

Fleischbrühe

Brodo di Carne

Macht etwa 4 Liter

Hier ist eine Grundbrühe aus verschiedenen Fleischsorten, die für Suppen, Risotti und Eintöpfe verwendet werden kann. Eine gute Brühe sollte voller Geschmack sein, aber nicht so aggressiv, dass sie den Geschmack des Gerichts übernimmt. Rindfleisch, Kalbfleisch und Geflügel können verwendet werden, aber vermeiden Sie Schweinefleisch oder Lammfleisch. Ihr Geschmack ist stark und kann die Brühe überwältigen. Variieren Sie die Fleischanteile für diese Brühe nach Ihrem Geschmack oder nach den Zutaten, die Sie zur Hand haben.

2 Pfund fleischige Rindfleischknochen

2 Pfund Kalbsschulter mit Knochen

2 Pfund Hühner- oder Truthahnteile

2 Karotten, geschnitten und in 3 oder 4 Stücke geschnitten

2 Sellerierippen mit Blättern, in 3 oder 4 Stücke geschnitten

2 mittelgroße Zwiebeln, geschält, aber ganz gelassen

1 große Tomate oder 1 Tasse gehackte Tomatenkonserven

1 Knoblauchzehe

3 oder 4 Zweige frische Petersilie mit Stielen

1. Kombinieren Sie in einem großen Suppentopf die Fleisch-, Knochen- und Hühnerteile. 6 Liter kaltes Wasser hinzufügen und bei mittlerer Hitze zum Kochen bringen.

2. Stellen Sie die Hitze so ein, dass das Wasser kaum kocht. Schaum und Fett abschöpfen, die an der Oberfläche der Brühe aufsteigen.

3. Wenn der Schaum nicht mehr aufsteigt, fügen Sie die restlichen Zutaten hinzu. 3 Stunden kochen lassen und die Hitze so regulieren, dass die Flüssigkeit leicht sprudelt.

4. Lassen Sie die Brühe kurz abkühlen und geben Sie sie in Plastikbehälter. Die Brühe kann sofort verwendet werden oder vollständig abkühlen, dann abgedeckt und bis zu 3 Tage im Kühlschrank oder bis zu 3 Monate im Gefrierschrank aufbewahrt werden.

Hühnersuppe

Brodo di Pollo

Macht etwa 4 Liter

Ein altes Huhn, bekannt als Geflügel, verleiht der Brühe einen volleren, reicheren Geschmack als ein jüngerer Vogel. Wenn Sie kein Geflügel finden können, versuchen Sie, der Brühe Putenflügel oder -hälse hinzuzufügen, aber verwenden Sie nicht zu viel Pute, da sonst der Geschmack das Huhn überwältigt.

Nach dem Kochen wird ein Großteil des Geschmacks aus dem Fleisch gekocht, aber sparsame italienische Köche verwenden es, um einen Salat zuzubereiten oder ihn für eine Pasta- oder Gemüsefüllung zu hacken.

1 4-Pfund-ganzes Geflügel oder Huhn

2 Pfund Hühner- oder Truthahnteile

2 Sellerierippen mit Blättern, zerschnitten

2 Karotten, zerschnitten

2 mittelgroße Zwiebeln, geschält und ganz belassen

1 große Tomate oder 1 Tasse gehackte Tomatenkonserven

1 Knoblauchzehe

3 oder 4 Zweige frische Petersilie

1. Legen Sie die Teile für Geflügel, Hühnchen oder Pute in einen großen Suppentopf. 5 Liter kaltes Wasser hinzufügen und bei mittlerer Hitze zum Kochen bringen.

2. Stellen Sie die Hitze so ein, dass das Wasser kaum kocht. Schaum und Fett abschöpfen, die an der Oberfläche der Brühe aufsteigen.

3. Sobald der Schaum aufhört zu steigen, fügen Sie die restlichen Zutaten hinzu. 2 Stunden kochen lassen und die Hitze so regulieren, dass die Flüssigkeit leicht sprudelt.

4. Lassen Sie die Brühe kurz abkühlen und geben Sie sie in Plastikbehälter. Die Brühe kann sofort verwendet werden oder vollständig abkühlen, dann abgedeckt und bis zu 3 Tage im Kühlschrank oder bis zu 3 Monate im Gefrierschrank aufbewahrt werden.

Antoniettas Bohnensuppe

Zuppa di Fagioli

Ergibt 8 Portionen

Als ich das Weingut der Familie Pasetti in den Abruzzen besuchte, bereitete ihre Köchin Antonietta diese Bohnensuppe zum Mittagessen zu. Es basiert auf dem KlassikerRagù im Abruzzen-StilSie können aber auch eine andere Tomatensauce mit oder ohne Fleisch verwenden.

Eine Lebensmittelmühle wird verwendet, um die Bohnen zu glätten und die Schalen zu entfernen. Die Suppe kann auch in einer Küchenmaschine oder einem Mixer püriert werden. Antonietta servierte die Suppe mit frisch geriebenem Parmigiano-Reggiano, obwohl sie uns sagte, dass es für Gäste in dieser Region traditionell ist, die Suppe mit den Samen eines frischen grünen Chilis zu würzen. Neben dem geriebenen Käse reichte sie einen Teller mit Chilischoten und einem Messer herum, damit jeder Diner seinen eigenen hacken und hinzufügen konnte.

2 Tassen Ragù im Abruzzen-Stiloder eine andere Fleisch- oder Tomatensauce

3 Tassen Wasser

4 Tassen abgetropfte gekochte getrocknete oder konservierte Cranberry- oder Cannellini-Bohnen

Salz und frisch gemahlener schwarzer Pfeffer nach Geschmack

4 Unzen Spaghetti, geschnitten oder in 2-Zoll-Stücke gebrochen

Frisch geriebener Parmigiano-Reggiano

1 oder 2 frische grüne Chilischoten wie Jalapeno (optional)

1. Bereiten Sie gegebenenfalls den Ragù vor. Dann in einem großen Topf den Ragù und das Wasser vermischen. Die Bohnen durch eine Lebensmittelmühle in den Topf geben. Bei schwacher Hitze unter gelegentlichem Rühren kochen, bis die Suppe heiß ist. Nach Belieben Salz und Pfeffer hinzufügen.

2. Fügen Sie die Nudeln hinzu und rühren Sie gut um. Unter häufigem Rühren kochen, bis die Nudeln weich sind. Fügen Sie etwas mehr Wasser hinzu, wenn die Suppe zu dick wird.

3. Heiß oder warm servieren. Geben Sie den Käse und die frischen Chilis, falls verwendet, separat weiter.

Pasta und Bohnen

Pasta e Fagioli

Ergibt 8 Portionen

Diese neapolitanische Version der Bohnen- und Nudelsuppe (bekannt unter dem Dialektnamen "Pasta Fazool") wird normalerweise sehr dick serviert, sollte aber trotzdem mit einem Löffel gegessen werden.

1/4 Tasse Olivenöl

2 gehackte Sellerierippen (ca. 1 Tasse)

2 Knoblauchzehen, fein gehackt

1 Tasse geschälte, entkernte und gehackte frische Tomaten oder Tomatenkonserven

Prise zerkleinerten roten Pfeffer

Salz

3 Tassen abgetropfte gekochte getrocknete oder konservierte Cannellini oder Great Northern Bohnen abtropfen lassen

8 Unzen Ditalini oder gebrochene Spaghetti

1. Gießen Sie das Öl in einen großen Topf. Fügen Sie den Sellerie und den Knoblauch hinzu. Bei mittlerer Hitze unter häufigem Rühren etwa 10 Minuten kochen, bis das Gemüse zart und goldbraun ist. Fügen Sie die Tomaten, den zerkleinerten roten Pfeffer und das Salz hinzu, um zu schmecken. Etwa 10 Minuten köcheln lassen, bis es leicht eingedickt ist.

2. Die Bohnen in die Tomatensauce geben. Die Mischung zum Kochen bringen. Einige der Bohnen mit der Rückseite eines großen Löffels zerdrücken.

3. Einen großen Topf Wasser zum Kochen bringen. Fügen Sie das Salz hinzu, um zu schmecken, dann die Nudeln. Gut umrühren. Bei starker Hitze unter häufigem Rühren kochen, bis die Nudeln zart, aber leicht unterbacken sind. Die Nudeln abtropfen lassen und etwas Kochwasser aufheben.

4. Rühren Sie die Nudeln in die Bohnenmischung. Fügen Sie bei Bedarf etwas Kochwasser hinzu, aber die Mischung sollte sehr dick bleiben. Schalten Sie die Heizung aus und lassen Sie sie ca. 10 Minuten vor dem Servieren stehen.

Cremige Bohnensuppe

Crema di Fagioli

Ergibt 4 bis 6 Portionen

Ich bin auf eine Version dieses Rezepts in A Tavola ("Am Tisch") gestoßen, einem italienischen Kochmagazin. Cremig und geschmeidig ist diese Suppe ein reines, beruhigendes Komfort-Essen.

3 Tassen abgetropfte gekochte getrocknete oder konservierte Cannellini oder Great Northern Bohnen abtropfen lassen

Über 2 Tassen hausgemacht Fleischbrühe oder eine Mischung aus halb im Laden gekaufter Rinderbrühe und halb Wasser

1/2 Tasse Milch

2 Eigelb

1/2 Tasse frisch geriebener Parmigiano-Reggiano plus mehr zum Servieren

Salz und frisch gemahlener schwarzer Pfeffer

1. Pürieren Sie die Bohnen in einer Küchenmaschine, einem Mixer oder einer Lebensmittelmühle.

2. In einem mittelgroßen Topf die Brühe bei mittlerer Hitze zum Kochen bringen. Das Bohnenpüree einrühren und zum Kochen bringen.

3. In einer kleinen Schüssel Milch und Eigelb verquirlen. Etwa eine Tasse Suppe in die Schüssel geben und glatt rühren. Gießen Sie die Mischung in den Topf. Unter Rühren kochen, bis es sehr heiß ist, aber nicht kocht.

4. Parmigiano-Reggiano einrühren und mit Salz und Pfeffer abschmecken. Heiß servieren und mit zusätzlichem Käse bestreuen.

Friaulische Gersten-Bohnen-Suppe

Zuppa di Orzo e Fagioli

Ergibt 6 Portionen

Obwohl es in den USA besser als kleine Nudelform bekannt ist, ist Orzo auf Italienisch der Name für Gerste, eines der ersten Getreidearten, die jemals angebaut wurden. Die Region, die heute Friaul in Italien ist, war einst ein Teil Österreichs. Das Vorhandensein von Gerste zeigt die österreichischen Wurzeln dieser Suppe.

Wenn Sie bereits gekochte oder konservierte Bohnen verwenden, ersetzen Sie 3 Tassen oder zwei 16-Unzen-Dosen mit abgetropften Bohnen, reduzieren Sie das Wasser auf 4 Tassen und kochen Sie die Suppe in Schritt 2 nur 30 Minuten lang. Fahren Sie dann wie angegeben fort.

2 Esslöffel Olivenöl

2 Unzen fein gehackte Pancetta

2 Sellerierippen, gehackt

2 Karotten, gehackt

1 mittelgroße Zwiebel, gehackt

1 Knoblauchzehe, fein gehackt

1 Tasse (ca. 8 Unzen) getrocknete Cannellini oder Tolle Bohnen aus dem Norden

1/2 Tasse Perlgerste, gespült und abgetropft

Salz und frisch gemahlener schwarzer Pfeffer

1. Gießen Sie das Öl in einen großen Topf. Fügen Sie die Pancetta hinzu. Bei mittlerer Hitze unter häufigem Rühren etwa 10 Minuten kochen, bis die Pancetta leicht gebräunt ist. Fügen Sie den Sellerie, die Karotten, die Zwiebel und den Knoblauch hinzu. Unter häufigem Rühren ca. 10 Minuten kochen, bis das Gemüse goldbraun ist.

2. Fügen Sie die Bohnen und 8 Tassen Wasser hinzu. Zum Kochen bringen. Abdecken und bei schwacher Hitze 11/2 bis 2 Stunden kochen lassen oder bis die Bohnen sehr zart sind.

3. Einige der Bohnen mit der Rückseite eines großen Löffels zerdrücken. Fügen Sie die Gerste und Salz und Pfeffer hinzu, um zu schmecken. 30 Minuten kochen lassen oder bis die Gerste weich ist. Rühren Sie die Suppe häufig um, damit die Gerste

nicht am Boden des Topfes klebt. Fügen Sie Wasser hinzu, wenn die Suppe zu dick ist. Heiß oder warm servieren.

Bohnen-Pilz-Suppe

Minestra di Fagioli e Funghi

Ergibt 8 Portionen

An einem kühlen Herbsttag in der Toskana sehnte ich mich nach einer herzhaften Suppe und führte mich zu einer einfachen, aber unvergesslichen Mahlzeit. Im Il Prato, einem Restaurant in Pienza, gab der Kellner bekannt, dass die Küche an diesem Tag eine spezielle Bohnensuppe zubereitet habe. Die Suppe war köstlich, mit einem erdigen, rauchigen Geschmack, den ich später durch die Zugabe von getrockneten Steinpilzen erfuhr. Nach der Suppe bestellte ich einige der ausgezeichneten Pecorino-Käse, für die Pienza berühmt ist.

1/2 Unzen getrocknete Steinpilze

1 Tasse warmes Wasser

2 mittelgroße Karotten, gehackt

1 Sellerierippe, gehackt

1 mittelgroße Zwiebel, gehackt

1 Tasse geschälte, entkernte und gehackte frische Tomaten oder Tomatenkonserven

1/4 Tasse gehackte frische flache Petersilie

6 Tassen hausgemacht Fleischbrühe oder Hühnersuppe oder eine Mischung aus halb im Laden gekaufter Brühe und halb Wasser

3 Tassen abgetropfte gekochte getrocknete oder konservierte Cannellini oder große Bohnen aus dem Norden

1/2 Tasse mittelkörniger Reis wie Arborio

Salz und frisch gemahlener schwarzer Pfeffer nach Geschmack

1. Die Pilze 30 Minuten im Wasser einweichen. Entfernen Sie die Pilze und reservieren Sie die Flüssigkeit. Spülen Sie die Pilze unter kaltem fließendem Wasser ab, um jeglichen Schmutz zu entfernen. Achten Sie dabei besonders auf die Stängel, an denen sich Erde ansammelt. Die Pilze grob hacken. Die Pilzflüssigkeit durch einen Papierkaffeefilter in eine Schüssel abseihen und aufbewahren.

2. Kombinieren Sie in einem großen Topf die Pilze und ihre Flüssigkeit, die Karotten, den Sellerie, die Zwiebel, die Tomate, die Petersilie und die Brühe. Zum Kochen bringen. Kochen, bis das Gemüse zart ist, ca. 20 Minuten.

3. Fügen Sie die Bohnen und Reis und Salz und Pfeffer hinzu, um zu schmecken. 20 Minuten unter gelegentlichem Rühren kochen, bis der Reis weich ist. Heiß oder warm servieren.

Nudeln und Bohnen nach Mailänder Art

Pasta e Fagioli alla Milanese

Ergibt 8 Portionen

Für diese Suppe werden normalerweise Reste frischer Nudeln verwendet, die Maltagliati ("schlecht geschnitten") genannt werden, oder Sie können frische Fettuccine verwenden, die in mundgerechte Stücke geschnitten wird.

2 Esslöffel ungesalzene Butter

2 Esslöffel Olivenöl

6 frische Salbeiblätter

1 Esslöffel gehackter frischer Rosmarin

4 Karotten, gehackt

4 Sellerierippen, gehackt

3 mittelkochende Kartoffeln, gehackt

2 gehackte Zwiebeln

4 geschälte, entkernte und gehackte Tomaten oder 2 Tassen gehackte Tomatenkonserven

1 Pfund (ca. 2 Tassen) getrocknete Cranberry- oder Cannellini-Bohnen (siehe Bohnen im Landhausstil) oder 4 16-Unzen-Dosen

Über 8 Tassen hausgemacht Fleischbrühe oder eine Mischung aus halb im Laden gekaufter Rind- oder Gemüsebrühe und halb Wasser

Salz und frisch gemahlener schwarzer Pfeffer

8 Unzen frische Maltagliati oder frische Fettuccine in 1-Zoll-Stücke geschnitten

Natives Olivenöl extra

1. In einem großen Topf die Butter bei mittlerer Hitze mit dem Öl schmelzen. Salbei und Rosmarin einrühren. Fügen Sie die Karotten, Sellerie, Kartoffeln und Zwiebeln hinzu. Unter häufigem Rühren etwa 10 Minuten kochen lassen, bis sie weich sind.

2. Tomaten und Bohnen einrühren. Fügen Sie die Brühe und Salz und Pfeffer hinzu, um zu schmecken. Die Mischung zum Kochen bringen. Bei schwacher Hitze kochen, bis alle Zutaten sehr zart sind, ca. 1 Stunde.

3. Nehmen Sie die Hälfte der Suppe aus dem Topf und geben Sie sie durch eine Lebensmittelmühle oder pürieren Sie sie in einem Mixer. Gießen Sie das Püree zurück in den Topf. Gut umrühren und die Nudeln hinzufügen. Bringen Sie die Suppe zum Kochen und stellen Sie die Hitze ab.

4. Lassen Sie die Suppe vor dem Servieren etwas abkühlen. Heiß servieren, mit etwas Olivenöl extra vergine und reichlich Pfeffer mahlen.

Linsen-Fenchel-Suppe

Zuppa di Lenticchie e Finocchio

Ergibt 8 Portionen

Linsen sind eine der ältesten Hülsenfrüchte. Sie können braun, grün, rot oder schwarz sein, aber in Italien sind die feinsten Linsen die winzigen grünen aus Castelluccio in Umbrien. Im Gegensatz zu Bohnen müssen Linsen vor dem Kochen nicht eingeweicht werden.

Bewahren Sie die gefiederten Spitzen des Fenchels auf, um die Suppe zu garnieren.

1 Pfund braune oder grüne Linsen, gepflückt und gespült

2 mittelgroße Zwiebeln, gehackt

2 Karotten, gehackt

1 mittelkochende Kartoffel, geschält und gehackt

1 Tasse gehackter Fenchel

1 Tasse frische oder eingemachte Tomaten, gehackt

1/4 Tasse Olivenöl

Salz und frisch gemahlener schwarzer Pfeffer

1 Tasse Tubetti, Ditalini oder kleine Muscheln

Frische Fenchelspitzen, optional

Natives Olivenöl extra

1. Kombinieren Sie in einem großen Topf die Linsen, Zwiebeln, Karotten, Kartoffeln und Fenchel. Fügen Sie kaltes Wasser hinzu, um 1 Zoll zu bedecken. Die Flüssigkeit zum Kochen bringen und 30 Minuten bei schwacher Hitze kochen lassen.

2. Tomaten und Olivenöl einrühren. Nach Belieben Salz und Pfeffer hinzufügen. Kochen, bis die Linsen weich sind, weitere 20 Minuten. Fügen Sie nach Bedarf etwas Wasser hinzu, damit die Linsen gerade mit der Flüssigkeit bedeckt sind.

3. Die Nudeln einrühren und weitere 15 Minuten kochen, bis die Nudeln weich sind. Würzen und Gewürze anpassen. Mit den gehackten Fenchelspitzen garnieren, falls vorhanden. Heiß oder warm mit etwas nativem Olivenöl extra servieren.

Spinat-, Linsen- und Reissuppe

Minestra di Lenticchie e Spinaci

Ergibt 8 Portionen

Wenn weniger Wasser hinzugefügt wird und der Reis weggelassen wird, wird diese Suppe zu einer Beilage, die mit gegrillten Fischfilets oder Schweinefleisch serviert wird. Anstelle des Spinats können auch Escarole, Grünkohl, Kohl, Mangold oder andere Blattgemüse verwendet werden.

1 Pfund Linsen, gepflückt und gespült

6 Tassen Wasser

3 große Knoblauchzehen, gehackt

1/4 Tasse natives Olivenöl extra

8 Unzen Spinat, gestielt und in mundgerechte Stücke zerrissen

Salz und frisch gemahlener schwarzer Pfeffer

1 Tasse gekochter Reis

1. Kombinieren Sie in einem großen Topf die Linsen, Wasser, Knoblauch und Öl. Zum Kochen bringen und bei schwacher Hitze

40 Minuten kochen lassen. Fügen Sie nach Bedarf etwas Wasser hinzu, damit die Linsen gerade bedeckt sind.

2. Den Spinat und das Salz und den Pfeffer nach Belieben einrühren. Kochen, bis die Linsen weich sind, weitere 10 Minuten.

3. Fügen Sie den Reis hinzu und kochen Sie, bis er durchgeheizt ist. Heiß servieren und mit etwas nativem Olivenöl beträufeln.

Linsen-Gemüse-Suppe

Minestra di Lenticchie e Verdura

Ergibt 6 Portionen

Schauen Sie sich die Linsen vor dem Kochen an, um kleine Steine oder Ablagerungen zu entfernen. Für eine herzhaftere Suppe fügen Sie ein oder zwei Tassen gekochte Ditalini oder zerbrochene Spaghetti hinzu.

1/4 Tasse Olivenöl

1 mittelgroße Zwiebel, gehackt

1 Sellerierippe, gehackt

1 mittelgroße Karotte, gehackt

2 Knoblauchzehen, fein gehackt

1/2 Tasse gehackte italienische Tomatenkonserven

8 Unzen Linsen (ca. 1 Tasse), gepflückt und gespült

Salz und frisch gemahlener schwarzer Pfeffer

1 Pfund Escarole, Spinat oder anderes Blattgemüse, geschnitten und in mundgerechte Stücke geschnitten

1/2 Tasse frisch geriebener Pecorino Romano oder Parmigiano-Reggiano

1. Gießen Sie das Öl in einen großen Topf. Fügen Sie die Zwiebel, den Sellerie, die Karotte und den Knoblauch hinzu und kochen Sie sie bei mittlerer Hitze 10 Minuten lang oder bis das Gemüse zart und golden ist. Tomaten einrühren und weitere 5 Minuten kochen lassen.

2. Fügen Sie die Linsen, Salz und Pfeffer und 4 Tassen Wasser hinzu. Bringen Sie die Suppe zum Kochen und kochen Sie sie 45 Minuten lang oder bis die Linsen weich sind.

3. Das Grün einrühren. Bedecken Sie und kochen Sie 10 Minuten, oder bis das Grün zart ist. Geschmack zum Würzen.

4. Kurz vor dem Servieren den Käse einrühren. Heiß servieren.

Pürierte Linsensuppe mit Croutons

Purèa di Lenticchie

Ergibt 6 bis 8 Portionen

Knusprige Brotscheiben belegen dieses glatte Linsenpüree aus Umbrien. Für zusätzlichen Geschmack die Croutons mit einer rohen Knoblauchzehe einreiben, solange sie noch warm sind.

1 Pfund Linsen, gepflückt und gespült

1 Sellerierippe, gehackt

1 Karotte, gehackt

1 große Zwiebel, gehackt

1 große kochende Kartoffel, gehackt

2 Esslöffel Tomatenmark

Salz und frisch gemahlener schwarzer Pfeffer

2 Esslöffel natives Olivenöl extra sowie mehr zum Servieren

8 Scheiben italienisches oder französisches Brot

1. Legen Sie die Linsen, Gemüse und Tomatenmark in einen großen Topf. Fügen Sie kaltes Wasser hinzu, um 2 Zoll zu bedecken. Zum Kochen bringen. 20 Minuten kochen. Fügen Sie nach Geschmack Salz und bei Bedarf mehr Wasser hinzu, um die Zutaten bedeckt zu halten. Noch 20 Minuten kochen oder bis die Linsen sehr weich sind.

2. Lassen Sie den Inhalt des Topfes ab und bewahren Sie die Flüssigkeit auf. Legen Sie die Linsen und das Gemüse in einen Prozessor oder Mixer und pürieren Sie sie gegebenenfalls in Chargen, bis sie glatt sind. Gießen Sie die Linsen zurück in den Topf. Mit Salz und Pfeffer abschmecken. Vorsichtig aufwärmen und bei Bedarf etwas Kochflüssigkeit hinzufügen.

3. In einer großen Pfanne die 2 Esslöffel Olivenöl bei mittlerer Hitze erhitzen. Fügen Sie das Brot in einer einzigen Schicht hinzu. 3 bis 4 Minuten kochen, bis der Boden geröstet und braun ist. Drehen Sie die Brotstücke um und bräunen Sie sie noch ca. 3 Minuten.

4. Die Suppe vom Herd nehmen. Löffel in Schalen. Belegen Sie jede Schüssel mit einer Scheibe Toast. Heiß servieren, mit etwas Olivenöl beträufeln

Kichererbsensuppe aus Apulien

Minestra di Ceci

Ergibt 6 Portionen

In Apulien wird diese dicke Suppe aus kurzen Streifen frischer Nudeln hergestellt, die als Lagane bekannt sind. Frische Fettuccine, geschnitten in 3-Zoll-Streifen, kann ersetzt werden, ebenso wie kleine getrocknete Nudelformen oder zerbrochene Spaghetti. Anstelle einer Brühe werden Sardellen verwendet, um diese Suppe mit Wasser als Kochflüssigkeit zu würzen. Die Sardellen schmelzen in der Suppe und verleihen viel Charakter, ohne dass dies offensichtlich ist.

1⁄3 Tasse Olivenöl

3 Knoblauchzehen, leicht zerdrückt

2 2-Zoll-Zweige frischer Rosmarin

4 gehackte Sardellenfilets

31⁄2 Tassen gekochte Kichererbsen oder 2 16-Unzen-Dosen, abgetropft und Flüssigkeit reserviert

4 Unzen frische Fettuccine, in 3-Zoll-Längen geschnitten

Frisch gemahlener schwarzer Pfeffer

1. Gießen Sie das Öl in einen großen Topf. Fügen Sie den Knoblauch und den Rosmarin hinzu und kochen Sie bei mittlerer Hitze, indem Sie die Knoblauchzehen mit der Rückseite eines großen Löffels drücken, bis der Knoblauch golden ist, ca. 2 Minuten. Knoblauch und Rosmarin entfernen und wegwerfen. Fügen Sie die Sardellenfilets hinzu und kochen Sie sie unter Rühren etwa 3 Minuten lang, bis sich die Sardellen aufgelöst haben.

2. Die Kichererbsen in den Topf geben und gut umrühren. Die Hälfte der Kichererbsen mit einem Löffel oder einem Kartoffelstampfer grob zerdrücken. Fügen Sie gerade genug Wasser oder Kichererbsen-Kochflüssigkeit hinzu, um die Kichererbsen zu bedecken. Bringen Sie die Flüssigkeit zum Kochen.

3. Nudeln einrühren. Mit reichlich schwarzem Pfeffer abschmecken. Kochen, bis die Nudeln zart und dennoch bissfest sind. Vom Herd nehmen und 5 Minuten stehen lassen. Heiß servieren und mit etwas nativem Olivenöl beträufeln.

Kichererbsen-Nudelsuppe

Minestra di Ceci

Ergibt 6 bis 8 Portionen

In der Region Marken in Mittelitalien wird diese Suppe manchmal aus Quadrucci, kleinen Quadraten frischer Eiernudeln, hergestellt. Für Quadrucci frische Fettuccine in kurze Stücke schneiden, um kleine Quadrate zu bilden. Lassen Sie jede Person ihre Suppe mit etwas nativem Olivenöl extra beträufeln.

Von allen Hülsenfrüchten finde ich Kichererbsen am schwierigsten zu kochen. Manchmal dauert es viel länger, bis sie zart werden, als ich erwartet habe. Es ist eine gute Idee, diese Suppe im Voraus in Schritt 2 zuzubereiten und sie dann wieder aufzuwärmen und zu beenden, wenn sie servierfertig ist, um sicherzustellen, dass die Kichererbsen genügend Zeit haben, um zart zu werden.

1 Pfund getrocknete Kichererbsen, über Nacht eingeweicht (siehe Bohnen im Landhausstil)

1/4 Tasse Olivenöl

1 mittelgroße Zwiebel, gehackt

2 Sellerierippen, gehackt

2 Tassen Tomatenkonserven, gehackt

Salz

8 Unzen Ditalini oder kleine Ellbogen oder Muscheln

Frisch gemahlener schwarzer Pfeffer

Natives Olivenöl extra

1. Gießen Sie das Öl in einen großen Topf. Fügen Sie die Zwiebel und den Sellerie hinzu und kochen Sie sie unter häufigem Rühren bei mittlerer Hitze 10 Minuten lang oder bis das Gemüse zart und golden ist. Fügen Sie die Tomaten hinzu und bringen Sie sie zum Kochen. Noch 10 Minuten kochen.

2. Die Kichererbsen abtropfen lassen und in den Topf geben. Fügen Sie 1 Teelöffel Salz und kaltes Wasser hinzu, um 1 Zoll zu bedecken. Zum Kochen bringen. 11/2 bis 2 Stunden kochen oder bis die Kichererbsen sehr zart sind. Fügen Sie bei Bedarf Wasser hinzu, um die Kichererbsen bedeckt zu halten.

3. Etwa 20 Minuten bevor die Kichererbsen fertig sind, einen großen Topf Wasser zum Kochen bringen. Salz hinzufügen, dann die Nudeln. Kochen, bis die Nudeln zart sind. Abgießen und zur

Suppe geben. Mit Salz und Pfeffer abschmecken. Heiß servieren und mit etwas nativem Olivenöl beträufeln.

Ligurische Kichererbsen-Steinpilz-Suppe

Pasta und Ceci con Porcini

Ergibt 4 Portionen

Dies ist meine Version einer Suppe, die in Ligurien hergestellt wird. Einige Köche schaffen es ohne Mangold, andere enthalten Kardons in den Zutaten.

1/2 Unzen getrocknete Steinpilze

1 Tasse warmes Wasser

1/4 Tasse Olivenöl

2 Unzen Pancetta, gehackt

1 mittelgroße Zwiebel, fein gehackt

1 mittelgroße Karotte, fein gehackt

1 mittelgroße Sellerierippe, fein gehackt

1 Knoblauchzehe, fein gehackt

3 Tassen gekochte getrocknete oder abgetropfte Kichererbsen in Dosen

8 Unzen Mangold, quer in schmale Streifen schneiden

1 mittelkochende Kartoffel, geschält und gehackt

1 Tasse geschälte, entkernte und gehackte frische oder eingemachte Tomaten

Salz und frisch gemahlener schwarzer Pfeffer

1 Tasse Ditalini, Tubetti oder andere kleine Nudeln

1. Die Pilze 30 Minuten im Wasser einweichen. Entfernen Sie sie und reservieren Sie die Flüssigkeit. Spülen Sie die Pilze unter kaltem fließendem Wasser ab, um jeglichen Schmutz zu entfernen. Hacken Sie sie grob. Die Flüssigkeit durch einen Papierkaffeefilter in eine Schüssel abseihen.

2. Gießen Sie das Öl in einen großen Topf. Fügen Sie die Pancetta, Zwiebel, Karotte, Sellerie und Knoblauch hinzu. Bei häufigem Rühren bei mittlerer Hitze etwa 10 Minuten kochen, bis die Zwiebel und andere Aromen golden sind.

3. Kichererbsen, Mangold, Kartoffeln, Tomaten und Pilze mit ihrer Flüssigkeit einrühren. Fügen Sie Wasser hinzu, um nur die Zutaten zu bedecken, und Salz und Pfeffer, um zu schmecken. Zum Kochen bringen und kochen, bis das Gemüse zart ist und die Suppe ca. 1 Stunde eingedickt ist. Fügen Sie Wasser hinzu, wenn die Suppe zu dick wird.

4. Die Nudeln und 2 weitere Tassen Wasser einrühren. Unter häufigem Rühren etwa 15 Minuten kochen lassen oder bis die Nudeln weich sind. Vor dem Servieren etwas abkühlen lassen.

Toskanisches Brot und Gemüsesuppe

Ribollita

Ergibt 8 Portionen

Eines Sommers in der Toskana wurde mir diese Suppe überall serviert, manchmal zweimal am Tag. Ich habe es nie satt, denn jede Köchin hat ihre eigene Kombination von Zutaten verwendet, und es war immer gut. Das sind wirklich zwei Rezepte in einem. Die erste ist eine gemischte Gemüsesuppe. Am nächsten Tag werden die Reste aufgewärmt und mit eintägigem Brot gemischt. Das Aufwärmen gibt der Suppe ihren italienischen Namen, was "neu gekocht" bedeutet. Dies geschieht normalerweise morgens und die Suppe darf bis zur Mittagszeit ruhen. Ribollita wird normalerweise warm oder bei Raumtemperatur serviert, niemals dampfend heiß.

Verwenden Sie für die richtige Textur unbedingt ein hochwertiges zähes italienisches Brot oder Brot im Landhausstil.

4 Tassen hausgemacht Hühnersuppe oder Fleischbrühe oder eine Mischung aus halb im Laden gekaufter Brühe und halb Wasser

1/4 Tasse Olivenöl

2 zarte Sellerierippen, gehackt

2 mittelgroße Karotten, gehackt

2 Knoblauchzehen, fein gehackt

1 kleine rote Zwiebel, gehackt

1/4 Tasse gehackte frische flache Petersilie

1 Esslöffel gehackter frischer Salbei

1 Esslöffel gehackter frischer Rosmarin

11/2 Pfund geschälte, entkernte und gehackte frische Tomaten oder 11/2 Tassen italienische geschälte Tomaten in Dosen mit ihrem Saft, gehackt

3 Tassen abgetropfte gekochte getrocknete oder konservierte Cannellini-Bohnen abtropfen lassen

2 mittelkochende Kartoffeln, geschält und gewürfelt

2 mittelgroße Zucchini, gehackt

1 Pfund Kohl oder Grünkohl, in dünne Scheiben geschnitten (ca. 4 Tassen)

8 Unzen grüne Bohnen, geschnitten und in mundgerechte Stücke geschnitten

Salz und frisch gemahlener Pfeffer nach Geschmack

Etwa 8 Unzen ein Tag altes italienisches Brot, dünn geschnitten

Natives Olivenöl extra

Sehr dünne Scheiben rote Zwiebel (optional)

1. Bereiten Sie gegebenenfalls die Brühe vor. Dann gießen Sie das Olivenöl in einen großen Topf. Fügen Sie den Sellerie, die Karotten, den Knoblauch, die Zwiebel und die Kräuter hinzu. Bei mittlerer Hitze unter häufigem Rühren etwa 20 Minuten kochen, bis der Sellerie und andere Aromen zart und golden sind. Fügen Sie die Tomaten hinzu und kochen Sie 10 Minuten.

2. Bohnen, restliches Gemüse sowie Salz und Pfeffer nach Belieben einrühren. Fügen Sie die Brühe und das Wasser hinzu, um sie gerade zu bedecken. Zum Kochen bringen. Bei sehr schwacher Hitze leicht kochen, bis das Gemüse zart ist, ca. 2 Stunden. Leicht abkühlen lassen, dann bei Nichtgebrauch über Nacht oder bis zu 2 Tage im Kühlschrank lagern.

3. Wenn Sie fertig sind, gießen Sie etwa 4 Tassen Suppe in einen Mixer oder eine Küchenmaschine. Die Suppe pürieren und zusammen mit der restlichen Suppe in einen Topf geben. Vorsichtig aufwärmen.

4. Wählen Sie eine Suppenterrine oder einen Topf, der groß genug ist, um das Brot und die Suppe aufzunehmen. Legen Sie eine Schicht Brotscheiben auf den Boden. Löffel genug von der Suppe, um das Brot vollständig zu bedecken. Wiederholen Sie die Schichtung, bis die gesamte Suppe verbraucht und das Brot eingeweicht ist. Mindestens 20 Minuten stehen lassen. Es sollte sehr dick sein.

5. Rühre die Suppe um, um das Brot aufzubrechen. Mit nativem Olivenöl extra beträufeln und mit der roten Zwiebel bestreuen. Warm oder bei Raumtemperatur servieren.

Winterkürbissuppe

Zuppa di Zucca

Ergibt 4 Portionen

Im Fruttivendolo, dem Obst- und Gemüsemarkt, können italienische Köche große Kürbisse und andere Winterkürbisse kaufen, um diese köstliche Suppe zuzubereiten. Ich benutze normalerweise Butternuss- oder Eichelkürbis. Der zerkleinerte rote Pfeffer namens Peperoncino sorgt für eine unerwartete Pikantheit.

4 Tassen hausgemacht Hühnersuppe oder eine Mischung aus halb im Laden gekaufter Brühe und halb Wasser

2 Pfund Winterkürbis, wie Butternuss oder Eichel

1/2 Tasse Olivenöl

2 Knoblauchzehen, fein gehackt

Prise zerkleinerten roten Pfeffer

Salz

1/4 Tasse gehackte frische flache Petersilie

1. Bereiten Sie die Brühe bei Bedarf vor. Dann schälen Sie den Kürbis und entfernen Sie die Samen. In 1-Zoll-Stücke schneiden.

2. Gießen Sie das Öl in einen großen Topf. Fügen Sie den Knoblauch und den zerkleinerten roten Pfeffer hinzu. Bei mittlerer Hitze unter häufigem Rühren ca. 2 Minuten kochen, bis der Knoblauch leicht golden ist. Kürbis und Salz nach Geschmack einrühren.

3. Die Brühe hinzufügen und zum Kochen bringen. Abdecken und 35 Minuten kochen lassen oder bis der Kürbis sehr weich ist.

4. Übertragen Sie den Kürbis mit einem geschlitzten Löffel in eine Küchenmaschine oder einen Mixer und pürieren Sie ihn glatt. Das Püree mit der Brühe in den Topf zurückgeben. Bringen Sie die Suppe wieder zum Kochen und kochen Sie sie 5 Minuten lang. Fügen Sie ein wenig Wasser hinzu, wenn die Suppe zu dick ist.

5. Nach Belieben Salz hinzufügen. Petersilie einrühren. Heiß servieren.

"Gekochtes Wasser" Suppe

Acquacotta

Ergibt 6 Portionen

Nur ein paar Gemüse, Eier und übrig gebliebenes Brot werden benötigt, um diese leckere toskanische Suppe zuzubereiten. Italiener nennen sie scherzhaft "gekochtes Wasser". Verwenden Sie alle verfügbaren Pilze.

1/4 Tasse Olivenöl

2 Sellerierippen, in dünne Scheiben geschnitten

2 gehackte Knoblauchzehen

1 Pfund verschiedene Pilze wie Knopf, Shiitake und Cremini, geschnitten und in Scheiben geschnitten

1 Pfund frische Pflaumentomaten, geschält, entkernt und gehackt, oder 2 Tassen Tomatenkonserven

Prise zerkleinerten roten Pfeffer

6 Eier

6 Scheiben italienisches oder französisches Brot, geröstet

4 bis 6 Esslöffel frisch geriebener Pecorino-Käse

1. Gießen Sie das Öl in einen mittelgroßen Topf. Fügen Sie den Sellerie und den Knoblauch hinzu. Unter häufigem Rühren bei mittlerer Hitze etwa 5 Minuten kochen, bis sie weich sind.

2. Fügen Sie die Pilze hinzu und kochen Sie sie unter gelegentlichem Rühren, bis die Pilzsäfte verdunsten. Fügen Sie die Tomaten und den zerkleinerten roten Pfeffer hinzu und kochen Sie 20 Minuten.

3. Fügen Sie 4 Tassen Wasser und Salz hinzu, um zu schmecken. Zum Kochen bringen. Noch 20 Minuten kochen.

4. Brechen Sie kurz vor dem Servieren eines der Eier in eine Tasse. Schieben Sie das Ei vorsichtig in die heiße Suppe. Wiederholen Sie mit den restlichen Eiern. Abdecken und bei sehr schwacher Hitze 3 Minuten kochen lassen oder bis die Eier nach Geschmack fertig sind.

5. Legen Sie eine Scheibe Toast in jede Servierschüssel. Schöpfen Sie vorsichtig ein Ei darauf und löffeln Sie die heiße Suppe. Mit dem Käse bestreuen und sofort servieren.

Zucchini-Pesto-Suppe

Zuppa di Zucchine al Pesto

Ergibt 4 bis 6 Portionen

Das Aroma des Pestos beim Einrühren in die heiße Suppe ist unwiderstehlich.

2 Tassen hausgemacht Hühnersuppe oder eine Mischung aus halb im Laden gekaufter Brühe und halb Wasser

3 Esslöffel Olivenöl

2 mittelgroße Zwiebeln, gehackt

4 kleine Zucchini (ca. 11⁄4 Pfund), geschrubbt und gehackt

3 mittelkochende Kartoffeln, geschält und gehackt

Salz und frisch gemahlener schwarzer Pfeffer nach Geschmack

1 Tasse zerbrochene Spaghetti

Pesto

2 bis 3 große Knoblauchzehen

1⁄2 Tasse frisches Basilikum

1/4 Tasse frische italienische Petersilie

1/2 Tasse geriebener Parmigiano-Reggiano, plus mehr zum Bestreuen

2 bis 3 Esslöffel natives Olivenöl extra

Salz und frisch gemahlener schwarzer Pfeffer

1. Bereiten Sie gegebenenfalls die Brühe vor. Gießen Sie dann das Öl in einen mittelgroßen Topf. Fügen Sie die Zwiebeln hinzu. Bei häufigem Rühren bei mittlerer Hitze ca. 10 Minuten kochen, bis die Zwiebeln zart und goldbraun sind. Fügen Sie die Zucchini und Kartoffeln hinzu und kochen Sie sie unter gelegentlichem Rühren 10 Minuten lang. Fügen Sie die Hühnerbrühe und 4 Tassen Wasser hinzu. Die Flüssigkeit zum Kochen bringen und 30 Minuten kochen lassen. Nach Belieben Salz und Pfeffer hinzufügen.

2. Nudeln einrühren. Noch 15 Minuten köcheln lassen.

3. Pesto zubereiten: Knoblauch, Basilikum und Petersilie in einer Küchenmaschine fein hacken. Fügen Sie den Käse hinzu und beträufeln Sie das Olivenöl allmählich, um eine dicke Paste zu erhalten. Mit Salz und Pfeffer abschmecken.

4. Übertragen Sie das Pesto in eine mittelgroße Schüssel; Mit einem Schneebesen etwa 1 Tasse der heißen Suppe in das Pesto schlagen. Rühren Sie die Mischung mit der restlichen Suppe in den Topf. 5 Minuten ruhen lassen. Würzen und Gewürze anpassen. Mit zusätzlichem Käse servieren.

Lauch-, Tomaten- und Brotsuppe

Pappa al Pomodoro

Macht 4 zu Portionen

Die Toskaner essen viel Suppe und machen viele davon mit Brot anstelle von Nudeln oder Reis. Dies ist eine, die im frühen Herbst beliebt ist, wenn es viele reife Tomaten und frischen Lauch gibt. Es ist auch gut im Winter, hergestellt aus Tomatenkonserven.

6 Tassen hausgemacht Hühnersuppe oder eine Mischung aus halb im Laden gekaufter Brühe und halb Wasser

3 Esslöffel Olivenöl und mehr zum Nieseln

2 mittlere Lauch

3 große Knoblauchzehen

Prise zerkleinerten roten Pfeffer

2 Tassen geschälte, entkernte und gehackte frische Tomaten oder Tomatenkonserven

Salz

1/2 Laib ein Tag altes italienisches Vollkornbrot, in 1-Zoll-Würfel geschnitten (ca. 4 Tassen)

1/2 Tasse zerrissenes frisches Basilikum

Natives Olivenöl extra

1. Bereiten Sie gegebenenfalls die Brühe vor. Dann schneiden Sie die Wurzeln und den dunkelgrünen Teil des Lauchs ab. Den Lauch der Länge nach halbieren und unter fließendem Wasser gründlich abspülen. Gut hacken.

2. Gießen Sie das Öl in einen großen Topf. Fügen Sie den Lauch hinzu und kochen Sie ihn unter häufigem Rühren bei mittlerer Hitze etwa 5 Minuten lang, bis er weich ist. Knoblauch und zerkleinerten roten Pfeffer einrühren.

3. Tomaten und Brühe dazugeben und zum Kochen bringen. 15 Minuten unter gelegentlichem Rühren kochen. Nach Belieben Salz hinzufügen.

4. Rühren Sie das Brot in die Suppe und kochen Sie 20 Minuten unter gelegentlichem Rühren. Die Suppe sollte dick sein. Fügen Sie bei Bedarf mehr Brot hinzu.

5. Vom Herd nehmen. Basilikum einrühren und 10 Minuten stehen lassen. Heiß servieren und mit etwas nativem Olivenöl beträufeln.

Zucchini-Tomaten-Suppe

Zuppa di Zucchine e Pomodori

Ergibt 6 Portionen

Obwohl kleine Zucchini einen besseren Geschmack haben, sind auch größere Gemüsesorten in dieser Suppe gut, da ihre Wasserigkeit und ihr mangelnder Geschmack bei allen anderen geschmackvollen Zutaten nicht spürbar sind.

5 Tassen hausgemacht Hühnersuppe oder eine Mischung aus halb im Laden gekaufter Brühe und halb Wasser

3 Esslöffel Olivenöl

1 mittelgroße Zwiebel, fein gehackt

1 Knoblauchzehe, gehackt

1 Teelöffel gehackter frischer Rosmarin

1 Teelöffel gehackter frischer Salbei

11⁄2 Tassen geschälte, entkernte und gehackte Tomaten

11⁄2 Pfund Zucchini, gehackt

Salz und frisch gemahlener schwarzer Pfeffer

3 Tassen eintägige italienische oder französische Brotwürfel

Frisch geriebener Parmigiano-Reggiano

1. Bereiten Sie gegebenenfalls die Brühe vor. Dann gießen Sie das Öl in einen großen Topf. Fügen Sie die Zwiebel, den Knoblauch, den Rosmarin und den Salbei hinzu. Bei mittlerer Hitze unter häufigem Rühren ca. 10 Minuten kochen, bis die Zwiebel goldbraun ist.

2. Fügen Sie die Tomaten hinzu und rühren Sie gut um. Die Brühe hinzufügen und zum Kochen bringen. Die Zucchini einrühren und 30 Minuten oder bis sie weich ist kochen. Mit Salz und Pfeffer abschmecken.

3. Brotwürfel einrühren. Kochen, bis das Brot weich ist, ca. 10 Minuten. Vor dem Servieren noch 10 Minuten ruhen lassen. Mit geriebenem Parmigiano-Reggiano servieren.

Zucchini-Kartoffel-Suppe

Minestra di Zucchine e Patate

Ergibt 4 Portionen

Diese Suppe ist typisch für das, was Sie im Sommer in Häusern in ganz Süditalien servieren können. Sie können es wie ein italienischer Koch ändern, indem Sie die Zucchini gegen ein anderes Gemüse wie grüne Bohnen, Tomaten oder Spinat austauschen und die Petersilie durch Basilikum oder Minze ersetzen.

6 Tassen hausgemacht Hühnersuppe oder eine Mischung aus halb im Laden gekaufter Brühe und halb Wasser

2 Esslöffel Olivenöl

1 mittelgroße Zwiebel, fein gehackt

1 Pfund kochende Kartoffeln (ca. 3 mittel), geschält und gehackt

1 Pfund Zucchini (ca. 4 klein), geschrubbt und gehackt

Salz und frisch gemahlener schwarzer Pfeffer

2 Esslöffel gehackte Petersilie

Frisch geriebener Parmigiano-Reggiano oder Pecorino Romano

1. Bereiten Sie gegebenenfalls die Brühe vor. Gießen Sie dann das Öl in einen mittelgroßen Topf. Fügen Sie die Zwiebel hinzu und kochen Sie sie unter häufigem Rühren bei mittlerer Hitze etwa 10 Minuten lang, bis sie zart und goldbraun ist.

2. Kartoffeln und Zucchini einrühren. Fügen Sie die Brühe und Salz und Pfeffer hinzu, um zu schmecken. Zum Kochen bringen und ca. 30 Minuten kochen, bis das Gemüse weich ist.

3. Nach Belieben Salz und Pfeffer hinzufügen. Petersilie einrühren. Mit dem geriebenen Käse servieren.

Cremige Fenchelsuppe

Zuppa di Finocchio

Ergibt 6 Portionen

Kartoffeln und Fenchel haben eine Affinität zueinander. Servieren Sie diese Suppe, garniert mit gehackten Fenchelblättern und einem Spritzer Olivenöl extra vergine.

6 Tassen hausgemacht Hühnersuppe oder eine Mischung aus halb im Laden gekaufter Brühe und halb Wasser

2 große Lauch, getrimmt

3 mittelgroße Fenchelknollen (ca. 21⁄2 Pfund)

2 Esslöffel ungesalzene Butter

1 Esslöffel Olivenöl

5 kochende Kartoffeln, geschält und in Scheiben geschnitten

Salz und frisch gemahlener schwarzer Pfeffer

Natives Olivenöl extra

1. Bereiten Sie gegebenenfalls die Brühe vor. Dann den Lauch der Länge nach halbieren und gut abspülen, um alle Sandspuren zwischen den Schichten zu entfernen. Grob hacken.

2. Schneiden Sie die Fenchelstiele sogar mit den Zwiebeln ab und bewahren Sie einige der federgrünen Blätter zum Garnieren auf. Schneiden Sie die Basis und alle braunen Flecken ab. Schneiden Sie die Zwiebeln in dünne Scheiben.

3. In einem großen Topf die Butter bei mittlerer Hitze mit dem Öl schmelzen. Fügen Sie den Lauch hinzu und kochen Sie ihn ca. 10 Minuten lang, bis er weich ist. Fügen Sie den Fenchel, die Kartoffeln, die Brühe sowie Salz und Pfeffer hinzu, um zu schmecken. Zum Kochen bringen und ca. 1 Stunde kochen, bis das Gemüse sehr weich ist.

4. Übertragen Sie das Gemüse mit einem geschlitzten Löffel in eine Küchenmaschine oder einen Mixer. Verarbeiten oder mischen, bis alles glatt ist.

5. Legen Sie das Gemüse wieder in den Topf und erhitzen Sie es vorsichtig. In Suppentassen geben, mit den reservierten Fenchelspitzen bestreuen und mit Olivenöl beträufeln. Heiß servieren.

Pilz-Kartoffel-Suppe

Minestra di Funghi e Patate

Ergibt 6 Portionen

Hier ist eine weitere Suppe aus Friaul-Julisch Venetien, einer Region, die für ihre hervorragenden Pilze bekannt ist. Dort würden frische Steinpilze verwendet, aber weil sie schwer zu finden sind, ersetze ich eine Kombination aus wilden und kultivierten Pilzen. Sowohl Kartoffeln als auch Gerste werden als Verdickungsmittel zugesetzt.

8 Tassen hausgemacht Fleischbrühe oder eine Mischung aus halb im Laden gekaufter Brühe und halb Wasser

2 Esslöffel Olivenöl

2 Unzen geschnittene Pancetta, fein gehackt

1 mittelgroße Zwiebel, fein gehackt

2 Sellerierippen, fein gehackt

1 Pfund verschiedene Pilze wie Weiß, Cremini und Portabello

4 Esslöffel gehackte frische Petersilie

2 Knoblauchzehen, fein gehackt

3 mittelkochende Kartoffeln, geschält und gehackt

Salz und frisch gemahlener schwarzer Pfeffer

1/2 Tasse Perlgerste

1. Bereiten Sie gegebenenfalls die Brühe vor. Gießen Sie das Öl in einen großen Topf. Fügen Sie die Pancetta hinzu. Bei häufigem Rühren bei mittlerer Hitze ca. 10 Minuten goldbraun kochen. Fügen Sie die Zwiebel und den Sellerie hinzu und kochen Sie sie unter gelegentlichem Rühren etwa 5 Minuten lang, bis sie weich sind.

2. Fügen Sie die Pilze, 2 Esslöffel Petersilie und den Knoblauch hinzu. Unter häufigem Rühren etwa 10 Minuten kochen, bis die Pilzsäfte verdunsten.

3. Kartoffeln, Salz und Pfeffer einrühren. Die Brühe hinzufügen und zum Kochen bringen. Fügen Sie die Gerste hinzu und kochen Sie sie unbedeckt 1 Stunde lang bei schwacher Hitze oder bis die Gerste weich und die Suppe eingedickt ist.

4. Mit der restlichen Petersilie bestreuen und heiß servieren.

Cremige Blumenkohlsuppe

Vellutata di Cavolfiore

Ergibt 6 Portionen

Eine elegante Suppe zu Beginn eines besonderen Abendessens. Wenn Sie etwas Trüffelöl oder Paste haben, geben Sie kurz vor dem Servieren etwas in die Suppe und lassen Sie den Käse weg.

1 mittlerer Blumenkohl, geschnitten und in 1-Zoll-Röschen geschnitten

Salz

3 Esslöffel ungesalzene Butter

1/4 Tasse Allzweckmehl

Über 2 Tassen Milch

Frisch geriebener Muskatnuss

1/2 Tasse Sahne

1/4 Tasse frisch geriebener Parmigiano-Reggiano

1. Einen großen Topf Wasser zum Kochen bringen. Fügen Sie den Blumenkohl und das Salz hinzu, um zu schmecken. Kochen, bis der Blumenkohl sehr zart ist, ca. 10 Minuten. Gut abtropfen lassen.

2. In einem mittelgroßen Topf die Butter bei mittlerer Hitze schmelzen. Fügen Sie das Mehl hinzu und rühren Sie es 2 Minuten lang gut um. Sehr langsam 2 Tassen Milch und Salz nach Geschmack einrühren. Zum Kochen bringen und 1 Minute unter ständigem Rühren kochen, bis es eingedickt und glatt ist. Vom Herd nehmen. Muskatnuss und Sahne einrühren.

3. Übertragen Sie den Blumenkohl in eine Küchenmaschine oder einen Mixer. Pürieren und bei Bedarf etwas Sauce hinzufügen, um das Püree glatt zu machen. Das Püree mit der restlichen Sauce in die Pfanne geben. Gut umrühren. Vorsichtig erhitzen und bei Bedarf mehr Milch hinzufügen, um eine dicke Suppe zu erhalten.

4. Vom Herd nehmen. Würzen und Gewürze anpassen. Käse einrühren und servieren.

Sizilianische Tomatengerstensuppe

Minestra d'Orzo alla Siciliana

Ergibt 4 bis 6 Portionen

Anstatt den Käse zu reiben, servieren die Sizilianer oft Suppe mit in kleine Stücke gehackten Käse. Es schmilzt nie vollständig in die Suppe und Sie können bei jedem Bissen etwas Käse probieren.

8 Tassen hausgemacht Hühnersuppe oder Fleischbrühe oder eine Mischung aus halb im Laden gekaufter Brühe und halb Wasser

8 Unzen Perlgerste, gepflückt und gespült

2 mittelgroße Tomaten, geschält, entkernt und gehackt, oder 1 Tasse gehackte Tomatenkonserven

1 Sellerierippe, fein gehackt

1 mittelgroße Zwiebel, fein gehackt

Salz und frisch gemahlener schwarzer Pfeffer

1 Tasse gewürfelter Pecorino Romano

1. Bereiten Sie gegebenenfalls die Brühe vor. In einem großen Topf die Brühe, die Gerste und das Gemüse vermischen und zum

Kochen bringen. 1 Stunde kochen, bis die Gerste weich ist. Fügen Sie Wasser hinzu, wenn die Suppe zu dick wird.

2. Mit Salz und Pfeffer abschmecken. Die Suppe in Schalen geben und den Käse darüber streuen.

Rote Pfeffersuppe

Zuppa di Peperoni Rossi

Ergibt 6 Portionen

Die lebendige rot-orange Farbe dieser Suppe ist ein ansprechender und angemessener Hinweis auf den erfrischenden, köstlichen Geschmack. Es ist inspiriert von einer Suppe, die ich im Il Cibreo, einer beliebten Trattoria in Florenz, probiert habe. Ich serviere es gerne mit warmer Focaccia.

6 Tassen hausgemacht Hühnersuppe oder eine Mischung aus halb im Laden gekaufter Brühe und halb Wasser

2 Esslöffel Olivenöl

1 mittelgroße Zwiebel, gehackt

1 Sellerierippe, gehackt

1 Karotte, gehackt

5 große rote Paprika, entkernt und gehackt

5 mittelkochende Kartoffeln, geschält und gehackt

2 Tomaten, entkernt und gehackt

Salz und frisch gemahlener schwarzer Pfeffer

1 Tasse Milch

Frisch geriebener Parmigiano-Reggiano

1. Bereiten Sie gegebenenfalls die Brühe vor. Dann gießen Sie das Öl in einen großen Topf. Fügen Sie die Zwiebel, den Sellerie und die Karotte hinzu. Bei mittlerer Hitze unter häufigem Rühren etwa 10 Minuten kochen, bis das Gemüse zart und goldbraun ist.

2. Paprika, Kartoffeln und Tomaten hinzufügen und gut umrühren. Die Brühe hinzufügen und zum Kochen bringen. Verringern Sie die Hitze und kochen Sie 30 Minuten oder bis das Gemüse sehr zart ist.

3. Übertragen Sie das Gemüse mit einem geschlitzten Löffel in eine Küchenmaschine oder einen Mixer. Pürieren, bis alles glatt ist.

4. Gießen Sie das Gemüsepüree in den Topf. Die Suppe leicht erhitzen und die Milch einrühren. Lassen Sie die Suppe nicht kochen. Nach Belieben Salz und Pfeffer hinzufügen. Heiß servieren, mit Käse bestreut.

Fontina, Brot und Kohlsuppe

Zuppa alla Valpelline

Ergibt 6 Portionen

Eine meiner schönsten Erinnerungen an das Aostatal ist der aromatische Fontina-Käse und das aromatische Vollkornbrot der Region. Der Käse wird aus Kuhmilch hergestellt und in Berghöhlen gereift. Suchen Sie nach einem Käse mit einer natürlichen Schale und der Silhouette eines Berges, der in die Spitze gedrückt wird, um sicherzugehen, dass Sie die echte Fontina erhalten. Verwenden Sie für diese herzhafte Suppe ein gutes, zähes Brot. Crinkly Savoy Kohl schmeckt milder als die Sorte mit den glatten Blättern.

8 Tassen hausgemacht Fleischbrühe oder eine Mischung aus halb im Laden gekaufter Rinderbrühe und halb Wasser

2 Esslöffel ungesalzene Butter

1 kleiner Wirsing, dünn zerkleinert

Salz

1/4 Teelöffel frisch gemahlene Muskatnuss

1/4 Teelöffel gemahlener Zimt

Frisch gemahlener schwarzer Pfeffer

12 Unzen Fontina Valle d'Aosta

12 Scheiben knuspriger kernloser Roggen, Pumpernickel oder Vollkornbrot, geröstet

1. Bereiten Sie gegebenenfalls die Brühe vor. Dann schmelzen Sie die Butter in einem großen Topf. Fügen Sie den Kohl und das Salz hinzu, um zu schmecken. Abdecken und bei schwacher Hitze 30 Minuten unter gelegentlichem Rühren kochen, bis der Kohl zart ist.

2. Heizen Sie den Ofen auf 350 ° F vor. Brühe, Muskatnuss, Zimt, Salz und Pfeffer in einen großen Topf geben und bei mittlerer Hitze zum Kochen bringen.

3. Legen Sie 4 Scheiben Brot in einen tiefen, ofenfesten 3-Liter-Ofen oder einen tiefen, schweren Topf oder eine Auflaufform. Mit der Hälfte des Kohls und einem Drittel des Käses bedecken. Wiederholen Sie dies mit einer weiteren Schicht Brot, Kohl und Käse. Das restliche Brot darüber geben. Gießen Sie vorsichtig auf die heiße Brühe. Den reservierten Käse in Stücke reißen und auf die Suppe streuen.

4. Backen Sie den Auflauf etwa 45 Minuten lang, bis er braun und sprudelnd ist. 5 Minuten vor dem Servieren ruhen lassen.

Cremige Pilzsuppe

Zuppa di Funghi

Ergibt 8 Portionen

Thanksgiving ist kein Feiertag, der in Italien gefeiert wird, aber ich serviere diese cremige frische und getrocknete Pilzsuppe aus Norditalien oft als Teil meines Feiertagsmenüs.

8 Tassen hausgemacht Fleischbrühe oder eine Mischung aus halb im Laden gekaufter Rinderbrühe und halb Wasser

1 Unze getrocknete Steinpilze

2 Tassen heißes Wasser

2 Esslöffel ungesalzene Butter

1 mittelgroße Zwiebel, fein gehackt

1 Knoblauchzehe, fein gehackt

1 Pfund weiße Pilze, dünn geschnitten

1/2 Tasse trockener Weißwein

1 Esslöffel Tomatenmark

1/2 Tasse Sahne

Gehackte frische Petersilie zum Garnieren

Salz und frisch gemahlener schwarzer Pfeffer

1. Bereiten Sie gegebenenfalls die Brühe vor. Dann die Steinpilze ins Wasser geben und 30 Minuten einweichen lassen. Die Pilze aus der Schüssel nehmen und die Flüssigkeit aufbewahren. Spülen Sie die Pilze unter kaltem, fließendem Wasser ab, um jeglichen Schmutz zu entfernen. Achten Sie dabei besonders auf die Enden der Stängel, an denen sich Erde ansammelt. Die Pilze grob hacken. Die Pilzflüssigkeit durch einen Papierkaffeefilter in eine Schüssel abseihen.

2. In einem großen Topf die Butter bei mittlerer Hitze schmelzen. Fügen Sie die Zwiebel und den Knoblauch hinzu und kochen Sie 5 Minuten. Alle Pilze einrühren und unter gelegentlichem Rühren ca. 10 Minuten kochen, bis die Pilze leicht golden werden. Nach Belieben Salz und Pfeffer hinzufügen.

3. Den Wein dazugeben und zum Kochen bringen. Brühe, Pilzflüssigkeit und Tomatenmark einrühren. Die Hitze senken und 30 Minuten köcheln lassen.

4. Sahne einrühren. Mit Petersilie bestreuen und sofort servieren.

Gemüsesuppe mit Pesto

Minestrone al Pesto

Ergibt 6 bis 8 Portionen

In Ligurien wird Minestrone-Schalen mit einem Schuss duftender Pesto-Sauce versetzt. Es ist nicht wesentlich, aber es hebt wirklich den Geschmack der Suppe.

1/4 Tasse Olivenöl

1 mittelgroße Zwiebel, gehackt

2 Karotten, gehackt

2 Sellerierippen, gehackt

4 reife Tomaten, geschält, entkernt und gehackt

1 Pfund Mangold oder Spinat, gehackt

3 mittelkochende Kartoffeln, geschält und gehackt

3 kleine Zucchini, gehackt

8 Unzen grüne Bohnen, in 1/2-Zoll-Stücke geschnitten

8 Unzen geschälte frische Cannellini oder Borlotti Bohnen oder 2 Tassen abgetropfte gekochte getrocknete oder Dosenbohnen

Salz und frisch gemahlener schwarzer Pfeffer

1 Rezept Pesto

4 Unzen kleine Nudelformen wie Tubetti oder Ellbogen

1. Gießen Sie das Öl in einen großen Topf. Fügen Sie die Zwiebeln, Karotten und Sellerie hinzu. Bei mittlerer Hitze unter häufigem Rühren etwa 10 Minuten kochen, bis das Gemüse zart und goldbraun ist.

2. Tomaten, Mangold, Kartoffeln, Zucchini und Bohnen einrühren. Fügen Sie genug Wasser hinzu, um das Gemüse zu bedecken. Nach Belieben Salz und Pfeffer hinzufügen. Von Zeit zu Zeit unter Rühren kochen, bis die Suppe eingedickt und das Gemüse weich ist (ca. 1 Stunde). Fügen Sie ein wenig Wasser hinzu, wenn es zu dick wird.

3. Bereiten Sie in der Zwischenzeit das Pesto vor, falls erforderlich. Wenn die Suppe eingedickt ist, fügen Sie die Nudeln hinzu. Unter Rühren ca. 10 Minuten kochen, bis die Nudeln weich sind. Leicht abkühlen lassen. Heiß servieren, an einer Schüssel Pesto vorbeikommen, die am Tisch hinzugefügt werden soll, oder die Suppe in Schüsseln schöpfen und in der Mitte jeweils etwas Pesto aufschlagen.

Eiersuppe von Pavia

Zuppa alla Pavese

Ergibt 4 Portionen

In Brühe pochierte Eier sind eine schnelle und köstliche Mahlzeit. Die Suppe ist servierfertig, wenn das Weiß gerade fest ist und das Eigelb noch weich ist.

2 Liter hausgemacht Fleischbrühe oder eine Mischung aus halb im Laden gekaufter Brühe und halb Wasser

4 Scheiben Landbrot, leicht geröstet

4 große Eier bei Raumtemperatur

4 bis 6 Esslöffel frisch geriebener Parmigiano-Reggiano

Salz und frisch gemahlener schwarzer Pfeffer

1. Bereiten Sie gegebenenfalls die Brühe vor. Wenn nicht frisch zubereitet, erhitzen Sie die Brühe zum Kochen. Mit Salz und Pfeffer abschmecken.

2. Halten Sie 4 erhitzte Suppentassen bereit. Legen Sie eine Scheibe Toast in jede Schüssel und knacken Sie dann ein Ei über jede Scheibe Toast.

3. Gießen Sie die heiße Brühe über die Eier, um sie einige Zentimeter zu bedecken. Mit dem Käse bestreuen. Stehen lassen, bis das Eiweiß nach Geschmack gekocht ist. Heiß servieren.

Brotnudeln in Brühe

Passatelli in Brodo

Ergibt 6 Portionen

Passatelli*sind nudelartige Teigstränge aus trockenen Semmelbröseln und geriebenem Käse, die mit geschlagenen Eiern zusammengebunden sind. Der Teig wird durch eine Vorrichtung ähnlich einer Kartoffelpresse oder einer Lebensmittelmühle direkt in eine kochende Brühe geleitet. Einige Köche geben dem Teig etwas frisch geriebene Zitronenschale. Passatelli in Brühe war einst ein traditionelles Sonntagsgericht in der Emilia-Romagna, gefolgt von einem Braten.*

8 Tassen hausgemacht Fleischbrühe oder Hühnersuppe oder eine Mischung aus halb im Laden gekaufter Brühe und halb Wasser

3 große Eier

1 Tasse frisch geriebener Parmigiano-Reggiano plus mehr zum Servieren

2 Esslöffel sehr fein gehackte frische flache Petersilie

1/4 Teelöffel geriebene Muskatnuss

Etwa 3/4 Tasse einfache trockene Semmelbrösel

1. Bereiten Sie gegebenenfalls die Brühe vor. Dann in einer großen Schüssel die Eier schlagen, bis sie vermischt sind. Käse, Petersilie und Muskatnuss glatt rühren. Fügen Sie genügend Semmelbrösel hinzu, um eine glatte, dicke Paste zu bilden.

2. Wenn nicht frisch zubereitet, die Brühe in einem großen Topf zum Kochen bringen. Probieren Sie die Brühe und passen Sie die Gewürze gegebenenfalls an.

3. Stellen Sie eine mit der Klinge mit großen Löchern ausgestattete Lebensmittelmühle, eine Kartoffelpresse oder ein Sieb mit großen Löchern über den Topf. Schieben Sie die Käsemischung durch die Lebensmittelmühle oder das Sieb in die kochende Brühe. Bei schwacher Hitze 2 Minuten kochen lassen. Vom Herd nehmen und 2 Minuten vor dem Servieren stehen lassen. Heiß mit zusätzlichem Käse servieren.

Tiroler Brotknödel

Canederli

Ergibt 4 Portionen

Köche in Norditalien nahe der österreichischen Grenze stellen Brotknödel her, die sich von den in der Emilia Romagna hergestellten Passatelli-Knödeln völlig unterscheiden. Ähnlich wie beim österreichischen Knödel werden Canederli aus Vollkorn- oder Roggenbrot hergestellt, das mit Salame (eine getrocknete Wurst aus grob gemahlenem Schweinefleisch) oder Mortadella (eine delikate Wurst aus sehr fein gemahlenem Schweinefleisch mit Muskatnuss und oft ganzen Pistazien) gewürzt ist. . Sie werden in einer Flüssigkeit gekocht und dann in der Brühe serviert, obwohl sie auch gut zu Tomatensauce oder Buttersauce passen.

8 Tassen hausgemacht Fleischbrühe oder Hühnersuppe oder eine Mischung aus halb im Laden gekaufter Brühe und halb Wasser

4 Tassen ein Tag altes kernloses Roggenbrot oder Vollkornbrot

1 Tasse Milch

2 Esslöffel ungesalzene Butter

1/2 Tasse gehackte Zwiebel

3 Unzen Salame, Mortadella oder geräucherter Schinken, sehr fein gehackt

2 große Eier, geschlagen

2 Esslöffel gehackter frischer Schnittlauch oder frische Petersilie

Salz und frisch gemahlener schwarzer Pfeffer

Etwa 1 Tasse Allzweckmehl

1/2 Tasse frisch geriebener Parmigiano-Reggiano

1. Bereiten Sie gegebenenfalls die Brühe vor. Dann in einer großen Schüssel das Brot 30 Minuten unter gelegentlichem Rühren in der Milch einweichen. Das Brot sollte anfangen zu bröckeln.

2. In einer kleinen Pfanne die Butter bei mittlerer Hitze schmelzen. Fügen Sie die Zwiebel hinzu und kochen Sie sie unter häufigem Rühren etwa 10 Minuten lang, bis sie goldbraun ist.

3. Kratzen Sie den Inhalt der Pfanne auf das Brot. Fügen Sie das Fleisch, die Eier, den Schnittlauch oder die Petersilie sowie Salz und Pfeffer hinzu, um zu schmecken. Rühren Sie nach und nach genug Mehl ein, damit die Mischung gerade ihre Form behält. 10 Minuten stehen lassen.

4. Befeuchten Sie Ihre Hände mit kaltem Wasser. Nehmen Sie etwa 1/4 Tasse der Mischung auf und formen Sie sie zu einer Kugel.

Den Ball in Mehl rollen. Legen Sie den Knödel auf ein Stück Wachspapier. Wiederholen Sie mit der restlichen Mischung.

5. Einen großen Topf Wasser zum Kochen bringen. Reduzieren Sie die Hitze, damit das Wasser nur kocht. Lassen Sie die Hälfte der Knödel vorsichtig oder gerade so weit fallen, dass der Topf nicht überfüllt ist. 10 bis 15 Minuten kochen lassen oder bis die Knödel durchgegart sind. Übertragen Sie die Knödel mit einem geschlitzten Löffel auf einen Teller. Die restlichen Knödel auf die gleiche Weise kochen.

6. Wenn Sie bereit sind, die Suppe zu servieren, erhitzen Sie die Brühe zum Kochen. Fügen Sie die Knödel hinzu und kochen Sie sie vorsichtig 5 Minuten lang oder bis sie durchgeheizt sind. Die Knödel in der Brühe mit dem geriebenen Käse servieren.

Grüne Bohnen-Wurst-Suppe

Zuppa di Fagiolini

Ergibt 4 Portionen

Eines Sommers, als ich klein war, besuchte ich eine Großtante, die ein wunderbares altes viktorianisches Haus an der Küste von Long Island in New York hatte. Jeden Tag kochte sie aufwendige Mittag- und Abendessen für ihren Mann, der nicht weniger als drei Gänge zu erwarten schien. Dies war eine der Suppen, die sie zubereiten würde.

Ich verwende mittelkörnigen Reis für diese Suppe - die Art, die ich für Risotto verwende -, weil ich das normalerweise zu Hause habe, aber langkörniger Reis würde auch funktionieren.

2 Esslöffel Olivenöl

1 mittelgroße Zwiebel, gehackt

1 rote oder gelbe Paprika, gehackt

3 italienische Schweinswürste

2 große Tomaten, geschält, entkernt und gehackt, oder 1 Tasse Tomaten in Dosen, gehackt

8 Unzen grüne Bohnen, geschnitten und in mundgerechte Stücke geschnitten

Prise zerkleinerten roten Pfeffer

Salz

3 Tassen Wasser

1/4 Tasse mittelkörniger Reis wie Arborio

1. Gießen Sie das Öl in einen mittelgroßen Topf. Fügen Sie die Zwiebel, den Pfeffer und die Würste hinzu und kochen Sie sie unter gelegentlichem Rühren, bis das Gemüse zart und die Würste leicht gebräunt sind (ca. 10 Minuten).

2. Fügen Sie die Tomaten, grünen Bohnen, zerkleinerten roten Pfeffer und Salz hinzu, um zu schmecken. 3 Tassen kaltes Wasser hinzufügen und zum Kochen bringen. Reduzieren Sie die Hitze und kochen Sie 15 Minuten.

3. Übertragen Sie die Würste auf einen Teller. Die Würste in dünne Scheiben schneiden und wieder in den Topf geben.

4. Reis einrühren und weitere 15 bis 20 Minuten kochen, bis der Reis weich ist. Heiß servieren.

Escarole und kleine Fleischbällchensuppe

Zuppa di Scarola und Polpettini

Ergibt 6 bis 8 Portionen

Dies war meine Lieblingssuppe, als ich aufwuchs, obwohl wir sie nur an Feiertagen und zu besonderen Anlässen gegessen haben. Ich kann immer noch nicht widerstehen und mache es oft.

4 Liter hausgemacht Hühnersuppe oder eine Mischung aus halb im Laden gekaufter Brühe und halb Wasser

1 mittlerer Kopf Escarole (ca. 1 Pfund)

3 große Karotten, gehackt

Fleischklößchen

1 Pfund gemahlenes Kalbfleisch oder Rindfleisch

2 große Eier, geschlagen

1/2 Tasse sehr fein gehackte Zwiebel

1 Tasse einfache Semmelbrösel

1 Tasse frisch geriebener Pecorino Romano plus mehr zum Servieren

1 Teelöffel Salz

Frisch gemahlener schwarzer Pfeffer nach Geschmack

1. Bereiten Sie gegebenenfalls die Brühe vor. Schneiden Sie dann die Escarole ab und werfen Sie alle gequetschten Blätter weg. Schneiden Sie die Stielenden ab. Trennen Sie die Blätter und waschen Sie sie gut in kaltem Wasser, insbesondere in der Mitte der Blätter, wo sich Erde ansammelt. Stapeln Sie die Blätter und schneiden Sie sie kreuzweise in 1-Zoll-Streifen.

2. Kombinieren Sie in einem großen Topf die Brühe, Escarole und Karotten. Zum Kochen bringen und 30 Minuten kochen lassen.

3. In der Zwischenzeit die Frikadellen vorbereiten: Alle Frikadellen-Zutaten in einer großen Schüssel mischen. Formen Sie die Mischung mit Ihren Händen (oder einem kleinen Schaufelspender) zu winzigen Kugeln von etwa der Größe kleiner Trauben und legen Sie sie auf einen Teller oder ein Tablett.

4. Wenn das Gemüse fertig ist, lassen Sie die Fleischbällchen vorsichtig einzeln in die Suppe fallen. Bei schwacher Hitze ca. 20 Minuten kochen, bis die Fleischbällchen gar sind. Würzen und Gewürze anpassen. Heiß servieren, mit geriebenem Pecorino Romano bestreut.

"Verheiratete" Suppe

Minestra Maritata

Ergibt 10 bis 12 Portionen

Viele Leute nehmen an, dass diese neapolitanische Suppe ihren Namen durch das Servieren bei Hochzeitsbanketten erhielt, aber tatsächlich bezieht sich "verheiratet" auf die Hochzeit der Aromen der verschiedenen Fleisch- und Gemüsesorten, die die Hauptzutaten sind. Es ist ein sehr altes Rezept - zu einer Zeit ein Gericht, das die Leute täglich aßen und alle Fleisch- und Gemüsereste hinzufügten, die sie finden konnten. Heute gilt es als etwas altmodisch, obwohl ich mir an einem kalten Tag kein befriedigenderes Essen vorstellen kann.

Mangold, Chicorée, Grünkohl oder Kohl können anstelle des folgenden Gemüses verwendet werden. Probieren Sie Genua oder eine andere italienische Salami anstelle der Soppressata oder einen Schinkenknochen für den Schinkenknochen. Für den besten Geschmack machen Sie die Suppe einen Tag vor dem Servieren.

1 Pfund fleischige Schweinerippchen (Schweinerippchen im Landhausstil)

1 Schinkenknochen (optional)

2 mittelgroße Karotten, geschnitten

2 Sellerierippen mit Blättern

1 mittelgroße Zwiebel

1 Pfund Schweinswurst nach italienischer Art

1 dicke Scheibe importierter italienischer Schinken (ca. 4 Unzen)

1 4-Unzen-Stück Soppressata

Prise zerkleinerten roten Pfeffer

11⁄2 Pfund (1 kleiner Kopf) Escarole, getrimmt

1 Pfund (1 mittelgroßes Bündel) Broccoli Rabe, getrimmt

1 Pfund (etwa die Hälfte eines kleinen Kopfes) Wirsing, in Streifen geschnitten

8 Unzen Brokkoli, in Röschen geschnitten (ca. 2 Tassen)

Frisch geriebener Parmigiano-Reggiano

1. In einem großen Topf 5 Liter Wasser zum Kochen bringen. Fügen Sie die Schweinerippchen, Schinkenknochen, Karotten, Sellerie und Zwiebeln hinzu. Die Hitze auf köcheln lassen und 30 Minuten bei mittlerer Hitze kochen.

2. Den Schaum abschöpfen, der an die Oberfläche steigt. Fügen Sie die Wurst, den Schinken, die Soppressata und den zerkleinerten roten Pfeffer hinzu. 2 Stunden kochen, bis die Schweinerippchen weich sind.

3. In der Zwischenzeit das gesamte Gemüse waschen und abschneiden. Einen großen Topf Wasser zum Kochen bringen. Fügen Sie die Hälfte der Grüns hinzu. Zum Kochen bringen und 10 Minuten kochen lassen. Übertragen Sie das Grün mit einem geschlitzten Löffel in ein Sieb über einer großen Schüssel. Die restlichen Grüns auf die gleiche Weise kochen. Gut abtropfen lassen und abkühlen lassen. Nach dem Abkühlen das Gemüse in mundgerechte Stücke schneiden.

4. Entfernen Sie nach 2 Stunden Garzeit das Fleisch und die Wurst aus der Brühe. Die Knochen wegwerfen und Fleisch und Wurst in mundgerechte Stücke schneiden.

5. Lassen Sie die Brühe etwas abkühlen. Das Fett aus der Brühe abschöpfen. Die Brühe durch ein feinmaschiges Sieb in einen großen, sauberen Topf abseihen. Geben Sie das Fleisch in die Brühe zurück. Fügen Sie die Grüns hinzu. Zum Kochen bringen und 30 Minuten kochen lassen.

6. Heiß servieren, mit geriebenem Parmigiano-Reggiano bestreut.

Toskanische Fischsuppe

Cacciucco

Ergibt 6 Portionen

Je mehr Fischsorten Sie für diese toskanische Spezialität in den Topf geben, desto besser schmeckt die Suppe.

1/4 Tasse Olivenöl

1 mittelgroße Zwiebel

1 Sellerierippe, gehackt

1 Karotte, gehackt

1 Knoblauchzehe, gehackt

2 Esslöffel gehackte frische Petersilie

Prise zerkleinerten roten Pfeffer

1 Lorbeerblatt

1 lebender Hummer (1 bis 2 Pfund)

2 ganze Fische (jeweils ca. 11⁄2 Pfund) wie Porgy, gestrippter Bass, Red Snapper oder Wolfsbarsch, gereinigt und in Stücke geschnitten (Köpfe entfernen und aufbewahren)

1⁄2 Tasse trockener Weißwein

1 Pfund Tomaten, geschält, entkernt und gehackt

1 Pfund Calamari (Tintenfisch), gereinigt und in 1-Zoll-Ringe geschnitten

Scheiben italienisches Brot, geröstet

1. Gießen Sie das Öl in einen großen Topf. Zwiebel, Sellerie, Karotte, Knoblauch, Petersilie, Pfeffer und Lorbeerblatt hinzufügen. Bei mittlerer Hitze unter häufigem Rühren etwa 10 Minuten kochen, bis das Gemüse zart und goldbraun ist.

2. Legen Sie den Hummer mit dem Hohlraum nach oben auf ein Schneidebrett. Entfernen Sie nicht die Bänder, die die Krallen geschlossen halten. Schützen Sie Ihre Hand mit einem schweren Handtuch oder Topflappen und halten Sie den Hummer über den Schwanz. Stecken Sie die Spitze eines schweren Kochmessers in den Körper, wo sich der Schwanz mit der Brust verbindet. Entfernen Sie mit einer Geflügelschere die dünne Schale, die das Schwanzfleisch bedeckt. Entfernen Sie die dunkle Vene im Schwanz, aber lassen Sie die grüne Tomalley und die

rote Koralle, falls vorhanden. Legen Sie den Schwanz beiseite. Schneiden Sie den Hummerkörper und die Krallen an den Gelenken in 1 bis 2 Zoll große Stücke. Schlagen Sie mit der stumpfen Seite des Messers auf die Krallen, um sie zu knacken.

3. Die Hummerbrusthöhle und die reservierten Fischköpfe und Zutaten in den Topf geben. 10 Minuten kochen. Den Wein dazugeben und 2 Minuten köcheln lassen. Tomaten und 4 Tassen Wasser einrühren. Zum Kochen bringen und 30 Minuten kochen lassen.

4. Entfernen Sie mit einem geschlitzten Löffel die Hummerhöhle, die Fischköpfe und das Lorbeerblatt aus dem Topf und werfen Sie sie weg. Die restlichen Zutaten durch eine Lebensmittelmühle in eine große Schüssel geben.

5. Den Topf ausspülen und die Suppe einfüllen. Bringen Sie die Flüssigkeit zum Kochen. Fügen Sie die Meeresfrüchte hinzu, die am längsten gekocht werden müssen, z. B. die Calamari. Kochen Sie bis fast zart, ungefähr 20 Minuten. Hummerschwanz, Krallen und Fischstücke einrühren. Kochen, bis der Hummer und der Fisch innen undurchsichtig sind, weitere 10 Minuten.

6. Legen Sie geröstete Brotscheiben in jede Suppenschüssel. Die Suppe über das Brot schöpfen und heiß servieren.

Chunky Fischsuppe

Ciuppin

Ergibt 6 Portionen

Sie können eine Fischart oder mehrere Sorten für diese Suppe verwenden. Für einen garlicky Geschmack die gerösteten Brotscheiben mit einer rohen Knoblauchzehe einreiben, bevor die Suppe in die Schalen gegeben wird. Seeleute aus Genua führten diese klassische Suppe in San Francisco ein, wo sich viele von ihnen niederließen. San Franciscans nennen ihre Version Cioppino.

21/2 Pfund verschiedene feste weißfleischige Fischfilets wie Heilbutt, Wolfsbarsch oder Mahi Mahi

1/4 Tasse Olivenöl

1 mittelgroße Karotte, fein gehackt

1 zarte Sellerierippe, fein gehackt

1 mittelgroße Zwiebel, gehackt

2 Knoblauchzehen, fein gehackt

1 Tasse trockener Weißwein

1 Tasse geschälte, entkernte und gehackte frische Tomaten oder Tomatenkonserven

Salz und frisch gemahlener schwarzer Pfeffer

2 Esslöffel gehackte frische Petersilie

6 Scheiben italienisches oder französisches Brot, geröstet

1. Spülen Sie die Fischstücke und tupfen Sie sie trocken. Schneiden Sie den Fisch in 2-Zoll-Stücke und werfen Sie alle Knochen weg.

2. Gießen Sie das Öl in einen großen Topf. Fügen Sie die Karotte, den Sellerie, die Zwiebel und den Knoblauch hinzu. Bei häufigem Rühren bei mittlerer Hitze ca. 10 Minuten kochen, bis sie zart und goldbraun sind. Fügen Sie den Fisch hinzu und kochen Sie, wobei Sie die Stücke gelegentlich umrühren, weitere 10 Minuten.

3. Wein einfüllen und zum Kochen bringen. Fügen Sie die Tomaten und das Salz und den Pfeffer hinzu, um zu schmecken. Fügen Sie kaltes Wasser hinzu, um zu bedecken. Zum Kochen bringen und 20 Minuten kochen lassen.

4. Petersilie einrühren. Legen Sie eine Scheibe Toast in jede Suppenschüssel. Die Suppe über das Brot schöpfen und heiß servieren.

Meeresfrüchte, Pasta und Bohnensuppe

Pasta e Fagioli ai Frutti di Mare

Ergibt 4 bis 6 Portionen

Suppen, die Nudeln und Bohnen mit Meeresfrüchten kombinieren, sind in ganz Süditalien beliebt. Dies ist meine Version von einer, die ich im Alberto Ciarla, einem berühmten Fischrestaurant in Rom, probiert habe.

1 Pfund kleine Muscheln

1 Pfund kleine Muscheln

2 Esslöffel Olivenöl

2 Unzen Pancetta, fein gehackt

1 mittelgroße Zwiebel, fein gehackt

2 Knoblauchzehen, fein gehackt

3 Tassen abgetropfte gekochte getrocknete oder konservierte Cannellini-Bohnen abtropfen lassen

1 Tasse gehackte Tomaten

1/2 Pfund Calamari (Tintenfisch), in 1-Zoll-Ringe geschnitten

Salz und frisch gemahlener schwarzer Pfeffer

8 Unzen Spaghetti, in 1-Zoll-Stücke gebrochen

2 Esslöffel gehackte frische Petersilie

Natives Olivenöl extra

1. Legen Sie die Muscheln in kaltes Wasser, um sie 30 Minuten lang zu bedecken. Schrubben Sie sie mit einer steifen Bürste und kratzen Sie Seepocken oder Seetang ab. Entfernen Sie die Bärte, indem Sie sie zum schmalen Ende der Muscheln ziehen. Entsorgen Sie alle Muscheln mit rissigen Muscheln oder solchen, die beim Klopfen nicht fest schließen. Legen Sie die Muscheln in einen großen Topf mit 1/2 Tasse kaltem Wasser. Decken Sie den Topf ab und bringen Sie ihn zum Kochen. Kochen, bis sich die Muscheln öffnen, ca. 5 Minuten. Übertragen Sie die Muscheln mit einem geschlitzten Löffel in eine Schüssel.

2. Legen Sie die Muscheln in den Topf und decken Sie die Pfanne ab. Kochen, bis sich die Muscheln öffnen, ca. 5 Minuten. Entfernen Sie die Muscheln aus dem Topf. Die Flüssigkeit in der Kanne durch einen Papierkaffeefilter in eine Schüssel abseihen und aufbewahren.

3. Entfernen Sie mit Ihren Fingern die Muscheln und Muscheln aus den Schalen und legen Sie sie in eine Schüssel.

4. Gießen Sie das Öl in einen großen Topf. Fügen Sie die Pancetta, Zwiebel und Knoblauch hinzu. Bei häufigem Rühren bei mittlerer Hitze ca. 10 Minuten kochen, bis sie zart und goldbraun sind.

5. Fügen Sie die Bohnen, Tomaten und Calamari hinzu. Fügen Sie die reservierten Säfte aus den Schalentieren hinzu. Zum Kochen bringen und 20 Minuten kochen lassen.

6. Rühren Sie die Meeresfrüchte ein und kochen Sie sie ca. 5 Minuten lang, bis sie gerade durchgekocht sind.

7. In der Zwischenzeit einen großen Topf Wasser zum Kochen bringen. Fügen Sie die Nudeln und das Salz hinzu, um zu schmecken. Bis zart kochen. Die Nudeln abtropfen lassen und in die Suppe geben. Fügen Sie etwas Nudelflüssigkeit hinzu, wenn die Suppe zu dick erscheint.

8. Petersilie einrühren. Heiß servieren, mit nativem Olivenöl extra beträufelt.

Muscheln und Muscheln in Tomatenbrühe

Zuppa di Cozze

Ergibt 4 Portionen

Sie können dies mit allen Muscheln oder Muscheln machen, wenn Sie möchten.

2 Pfund Muscheln

1⁄ Tasse Olivenöl

4 Knoblauchzehen, sehr fein gehackt

2 Esslöffel gehackte frische Petersilie

Prise zerkleinerten roten Pfeffer.

1 Tasse trockener Weißwein

3 Pfund reife Tomaten, geschält, entkernt und gehackt oder 2 (28 bis 35 Unzen) Dosen importierte italienische geschälte Tomaten, gehackt

Salz

2 Pfund kleine Muscheln

8 Scheiben italienisches oder französisches Brot, geröstet

1 ganze Knoblauchzehe

1. Legen Sie die Muscheln in kaltes Wasser, um sie 30 Minuten lang zu bedecken. Schrubben Sie sie mit einer steifen Bürste und kratzen Sie Seepocken oder Seetang ab. Entfernen Sie die Bärte, indem Sie sie zum schmalen Ende der Muscheln ziehen. Entsorgen Sie alle Muscheln mit rissigen Muscheln oder solchen, die beim Klopfen nicht fest schließen.

2. In einem großen Topf das Öl bei mittlerer Hitze erhitzen. Fügen Sie den gehackten Knoblauch, die Petersilie und den zerkleinerten roten Pfeffer hinzu und kochen Sie ihn bei schwacher Hitze etwa 2 Minuten lang, bis der Knoblauch golden ist. Wein einrühren und zum Kochen bringen. Fügen Sie die Tomaten und eine Prise Salz hinzu. Bei mittlerer Hitze unter gelegentlichem Rühren etwa 20 Minuten kochen, bis sie leicht eingedickt sind.

3. Muscheln und Muscheln vorsichtig unterrühren. Decken Sie den Topf ab. 5 bis 10 Minuten kochen, bis sich die Muscheln und Muscheln öffnen. Entsorgen Sie alle nicht geöffneten.

4. Den Toast mit der geschnittenen Knoblauchzehe einreiben. Legen Sie ein Stück Brot in jede Suppenschüssel. Top mit den Muscheln und Muscheln und ihrer Flüssigkeit. Heiß servieren.

zur Verwendung mit anderen Lebensmitteln.

Marinara-Sauce

Salsa Marinara

Macht 21/2 Tassen

Knoblauch verleiht dieser schnell kochenden Sauce nach süditalienischer Art ihren charakteristischen Geschmack. Neapolitaner zerdrücken die Nelken leicht mit der Seite eines großen Messers. Dies erleichtert das Entfernen der Haut und öffnet die Nelken, um ihren Geschmack freizusetzen. Entfernen Sie vor dem Servieren ganze Knoblauchzehen.

Ich füge das Basilikum am Ende der Garzeit hinzu, um den frischesten Geschmack zu erzielen. Getrocknetes Basilikum ist ein schlechter Ersatz für frische Petersilie oder Minze. Diese Sauce ist ideal für Spaghetti oder andere getrocknete Nudeln.

1/4 Tasse Olivenöl

2 große Knoblauchzehen, zerkleinert

Prise zerkleinerten roten Pfeffer

3 Pfund frische Pflaumentomaten, geschält, entkernt und gehackt, oder 1 (28 Unzen) können italienische geschälte Tomaten mit ihrem Saft importieren, die durch eine Lebensmittelmühle geleitet werden

Salz nach Geschmack

4 frische Basilikumblätter, in Stücke gerissen

1. Gießen Sie das Öl in einen mittelgroßen Topf. Fügen Sie den Knoblauch und den roten Pfeffer hinzu. Bei mittlerer Hitze kochen und den Knoblauch ein- oder zweimal wenden, bis er goldbraun ist (ca. 5 Minuten). Den Knoblauch aus der Pfanne nehmen.

2. Fügen Sie die Tomaten und das Salz hinzu, um zu schmecken. 20 Minuten unter gelegentlichem Rühren kochen oder bis die Sauce eingedickt ist.

3. Schalten Sie die Heizung aus und rühren Sie das Basilikum ein. Heiß servieren. Kann im Voraus hergestellt und in einem dicht verschlossenen Behälter bis zu 5 Tage im Kühlschrank oder bis zu 2 Monate im Gefrierschrank aufbewahrt werden.

frische Tomatensoße

Salsa Leggero

Macht 3 Tassen

Diese Sauce ist ungewöhnlich, da sie nicht mit der üblichen Zwiebel oder dem Knoblauch beginnt, die in Olivenöl oder Butter gekocht werden. Stattdessen werden die Aromen zusammen mit den Tomaten gekocht, damit die Sauce einen delikaten Gemüsegeschmack hat. Servieren Sie es mit einer der frischen Nudeln oder als Sauce für eine Frittata oder ein anderes Omelett.

4 Pfund reife Pflaumentomaten, geschält, entkernt und gehackt

1 mittelgroße Karotte, gehackt

1 mittelgroße Zwiebel, gehackt

1 kleine Sellerierippe, gehackt

Salz nach Geschmack

6 frische Basilikumblätter, in kleine Stücke zerrissen

1/4 Tasse natives Olivenöl extra

1. Kombinieren Sie in einem großen, schweren Topf die Tomaten, Karotten, Zwiebeln, Sellerie, eine Prise Salz und Basilikum. Decken Sie den Topf ab und kochen Sie ihn bei mittlerer Hitze, bis die Mischung kocht. Decken Sie es ab und kochen Sie es unter gelegentlichem Rühren 20 Minuten lang oder bis die Sauce eingedickt ist.

2. Leicht abkühlen lassen. Führen Sie die Sauce durch eine Lebensmittelmühle oder pürieren Sie sie in einer Küchenmaschine oder einem Mixer. Vorsichtig aufwärmen und zum Würzen abschmecken. Öl einrühren. Heiß servieren. Kann im Voraus hergestellt und in einem dicht verschlossenen Behälter bis zu 5 Tage im Kühlschrank oder bis zu 2 Monate im Gefrierschrank aufbewahrt werden.

Tomatensauce nach sizilianischer Art

Salsa di Pomodoro alla Siciliana

Macht etwa 3 Tassen

Ich habe gesehen, wie Anna Tasca Lanza, die eine Kochschule im Regaleali-Weingut ihrer Familie in Sizilien hat, auf diese Weise Tomatensauce hergestellt hat. Alles geht in den Topf, und wenn es lange genug gekocht hat, wird die Sauce in einer Lebensmittelmühle püriert, um die Tomatensamen zu entfernen. Butter und Olivenöl, die am Ende der Garzeit hinzugefügt werden, bereichern und süßen die Sauce. Mit Kartoffelgnocchi oder frischer Fettuccine servieren.

3 Pfund reife Tomaten

1 mittelgroße Zwiebel, dünn geschnitten

1 Knoblauchzehe, fein gehackt

2 Esslöffel gehacktes frisches Basilikum

Prise zerkleinerten roten Pfeffer

1/4 Tasse Olivenöl

1 Esslöffel ungesalzene Butter

1. Wenn Sie die Tomaten mit einer Lebensmittelmühle pürieren, schneiden Sie sie der Länge nach in Viertel und fahren Sie mit Schritt 2 fort. Wenn Sie eine Küchenmaschine oder einen Mixer verwenden, schälen Sie zuerst die Tomaten: Bringen Sie einen mittelgroßen Topf Wasser zum Kochen. Fügen Sie die Tomaten einige nach dem anderen hinzu und kochen Sie 1 Minute. Entfernen Sie sie mit einem geschlitzten Löffel und legen Sie sie in eine Schüssel mit kaltem Wasser. Wiederholen Sie mit den restlichen Tomaten. Die Tomaten schälen, entkernen und die Samen herauskratzen.

2. Kombinieren Sie in einem großen Topf die Tomaten, Zwiebeln, Knoblauch, Basilikum und zerkleinerten roten Pfeffer. Abdecken und zum Kochen bringen. Bei schwacher Hitze 20 Minuten kochen lassen oder bis die Zwiebel weich ist. Leicht abkühlen lassen.

3. Führen Sie die Mischung bei Bedarf durch eine Lebensmittelmühle oder pürieren Sie sie in einem Mixer oder einer Küchenmaschine. Das Püree wieder in den Topf geben. Fügen Sie das Basilikum, den roten Pfeffer und das Salz hinzu, um zu schmecken.

4. Die Sauce kurz vor dem Servieren erneut erhitzen. Vom Herd nehmen und Olivenöl und Butter einrühren. Heiß servieren.

Kann im Voraus hergestellt und in einem dicht verschlossenen Behälter bis zu 5 Tage im Kühlschrank oder bis zu 2 Monate im Gefrierschrank aufbewahrt werden.

Tomatensauce nach toskanischer Art

Salsa di Pomodoro alla Toscana

Macht 3 Tassen

Ein Soffritto ist eine Mischung aus gehacktem aromatischem Gemüse, normalerweise Zwiebeln, Karotten und Sellerie, das in Butter oder Öl zart und leicht golden gekocht wird. Es ist die Aromabasis für viele Saucen, Suppen und Schmorgerichte und eine wesentliche Technik in der italienischen Küche. Viele italienische Köche geben alle Soffritto-Zutaten zusammen in eine kalte Pfanne und schalten dann die Heizung ein. Auf diese Weise kochen alle Zutaten schonend und nichts wird zu braun oder verkocht. Bei der alternativen Methode, zuerst das Öl zu erhitzen und dann die gehackten Zutaten hinzuzufügen, besteht die Gefahr, dass das Öl überhitzt. Gemüse kann bräunen und verkocht und bitter werden. Diese Tomatensauce nach toskanischer Art beginnt mit einem Soffritto des üblichen Gemüses plus mit Olivenöl gekochtem Knoblauch.

4 Esslöffel Olivenöl

1 mittelgroße Zwiebel, fein gehackt

1/2 Tasse gehackte Karotte

1/4 Tasse gehackter Sellerie

1 kleine Knoblauchzehe, gehackt

3 Pfund frische reife Pflaumentomaten, geschält, entkernt und fein gehackt, oder 1 (28 Unzen) können italienische geschälte Tomaten mit ihrem Saft importieren, die durch eine Lebensmittelmühle geleitet werden

1/2 Tasse Hühnerbrühe

Prise zerkleinerten roten Pfeffer

Salz

2 oder 3 Basilikumblätter, zerrissen

1. Gießen Sie das Öl in einen mittelgroßen Topf. Fügen Sie die Zwiebel, Karotte, Sellerie und Knoblauch hinzu. Bei mittlerer Hitze unter gelegentlichem Rühren etwa 15 Minuten kochen, bis das Gemüse zart und goldbraun ist.

2. Tomaten, Brühe, Paprika und Salz nach Geschmack einrühren. Zum Kochen bringen. Decken Sie die Pfanne teilweise ab und kochen Sie sie bei schwacher Hitze unter gelegentlichem Rühren etwa 30 Minuten lang, bis sie eingedickt ist.

3. Basilikum einrühren. Heiß servieren. Kann im Voraus hergestellt und in einem dicht verschlossenen Behälter bis zu 5

Tage im Kühlschrank oder bis zu 2 Monate im Gefrierschrank aufbewahrt werden.

Pizzaiola-Sauce

Salsa Pizzaiola

Macht etwa 21/2 Tassen

Neapolitaner verwenden diese leckere Sauce, um kleine Steaks oder Koteletts zu kochen (siehe Fleisch), oder sie servieren es über Spaghetti. Es wird jedoch normalerweise nicht für Pizza verwendet, da die extreme Hitze von holzbefeuerten neapolitanischen Pizzaöfen eine bereits gekochte Sauce verkochen würde. Es hat seinen Namen von Tomaten, Knoblauch und Oregano - den gleichen Zutaten, die ein Pizzamaker normalerweise für Pizza verwendet.

Den Knoblauch hacken, bis er sehr fein ist, damit keine großen Stücke in der Sauce sind.

2 große Knoblauchzehen, sehr fein gehackt

1/4 Tasse Olivenöl

Prise zerkleinerten roten Pfeffer

1 (28 Unzen) Dose importierte italienische geschälte Tomaten mit ihrem Saft, gehackt

1 Teelöffel getrockneter Oregano, zerbröckelt

Salz

1. In einer großen Pfanne den Knoblauch bei mittlerer Hitze etwa 2 Minuten lang im Öl goldbraun kochen. Den zerkleinerten roten Pfeffer einrühren.

2. Fügen Sie die Tomaten, Oregano und Salz hinzu, um zu schmecken. Die Sauce zum Kochen bringen. Kochen Sie unter gelegentlichem Rühren 20 Minuten oder bis die Sauce eingedickt ist. Heiß servieren. Kann im Voraus hergestellt und in einem dicht verschlossenen Behälter bis zu 5 Tage im Kühlschrank oder bis zu 2 Monate im Gefrierschrank aufbewahrt werden.

"Gefälschte" Fleischsauce

Sugo Finto

Macht etwa 6 Tassen

Sugo Finto bedeutet "falsche Sauce", ein seltsamer Name für eine so köstliche, nützliche Sauce, die laut meinem Freund Lars Leicht in Mittelitalien häufig verwendet wird. Dieses Rezept stammt von seiner Tante, die außerhalb Roms lebt. Es ist so voller Geschmack, dass man sich täuschen könnte, es sei Fleisch darin. Die Sauce ist perfekt für Zeiten, in denen Sie etwas Komplexeres als eine einfache Tomatensauce möchten, aber kein Fleisch hinzufügen möchten. Dieses Rezept macht viel, aber es kann leicht halbiert werden, wenn Sie es vorziehen.

1/4 Tasse Olivenöl

1 mittelgroße gelbe Zwiebel, fein gehackt

2 kleine Karotten, geschält und fein gehackt

2 Knoblauchzehen, fein gehackt

4 frische Basilikumblätter, gehackt

1 kleiner getrockneter Chili-Pfeffer, zerkleinert oder eine Prise zerkleinerter roter Pfeffer

1 Tasse trockener Weißwein

2 Dosen (je 28 bis 35 Unzen) importierten italienische geschälte Tomaten mit ihrem Saft oder 6 Pfund frischen Pflaumentomaten, geschält, entkernt und gehackt

1. In einem großen Topf Öl, Zwiebel, Karotten, Knoblauch, Basilikum und Chili vermischen. Bei mittlerer Hitze unter gelegentlichem Rühren etwa 10 Minuten kochen, bis das Gemüse zart und goldbraun ist.

2. Den Wein dazugeben und zum Kochen bringen. 1 Minute kochen.

3. Geben Sie die Tomaten durch eine Lebensmittelmühle in den Topf oder pürieren Sie sie in einem Mixer oder einer Küchenmaschine. Zum Kochen bringen und die Hitze auf niedrig stellen. Mit Salz abschmecken. Unter gelegentlichem Rühren 30 Minuten kochen lassen oder bis die Sauce eingedickt ist. Heiß servieren. Kann im Voraus hergestellt und in einem dicht verschlossenen Behälter bis zu 5 Tage im Kühlschrank oder bis zu 2 Monate im Gefrierschrank aufbewahrt werden.

Rosa Sauce

Salsa di Pomodoro alla Panna

Macht etwa 3 Tassen

Schwere Sahne glättet diese schöne rosa Sauce. Mit Ravioli oder grünen Gnocchi servieren.

1/4 Tasse ungesalzene Butter

1/4 Tasse gehackte frische Schalotten

3 Pfund frische Tomaten, geschält, entkernt und gehackt, oder 1 (28 Unzen) können italienische geschälte Tomaten mit ihrem Saft importieren

Salz und frisch gemahlener schwarzer Pfeffer

1/2 Tasse Sahne

1. In einem großen Topf die Butter bei mittlerer Hitze schmelzen. Fügen Sie die Schalotten hinzu und kochen Sie sie ca. 3 Minuten lang goldbraun. Fügen Sie die Tomaten und Salz und Pfeffer hinzu und kochen Sie unter Rühren, bis die Sauce zum Kochen kommt. Wenn Sie Tomatenkonserven verwenden, hacken Sie diese mit einem Löffel. Unter gelegentlichem Rühren etwa 20

Minuten kochen, bis die Sauce leicht eingedickt ist. Leicht abkühlen lassen.

2. Führen Sie die Tomatenmischung durch eine Lebensmittelmühle. Die Sauce wieder in den Topf geben und bei mittlerer Hitze erhitzen. Fügen Sie die Sahne hinzu und kochen Sie 1 Minute oder bis sie leicht eingedickt ist. Heiß servieren.

Tomatensauce mit Zwiebeln

Salsa di Pomodoro mit Cipolla

Macht 21/2 Tassen

Der natürliche Zucker in der Zwiebel ergänzt die Süße der Butter in dieser Sauce. Diese Sauce eignet sich auch gut für Schalotten anstelle der Zwiebel.

3 Esslöffel ungesalzene Butter

1 Esslöffel Olivenöl

1 kleine Zwiebel, sehr fein gehackt

3 Pfund Pflaumentomaten, geschält, entkernt und gehackt, oder 1 (28 Unzen) können italienische geschälte Tomaten mit ihrem Saft importieren, die durch eine Lebensmittelmühle geleitet werden

Salz und frisch gemahlener schwarzer Pfeffer nach Geschmack

1. In einem mittelschweren Topf die Butter bei mittlerer Hitze mit dem Öl schmelzen. Fügen Sie die Zwiebel hinzu und kochen Sie sie unter ein- oder zweimaligem Rühren etwa 7 Minuten lang, bis die Zwiebel zart und golden ist.

2. Fügen Sie die Tomaten und Salz und Pfeffer hinzu. Bringen Sie die Sauce zum Kochen und kochen Sie sie 20 Minuten lang oder bis sie eingedickt ist.

geröstete Tomatensauce

Salsa di Pomodoro Arrostito

Reicht für 1 Pfund Nudeln

Auf diese Weise können auch nicht perfekte frische Tomaten gekocht werden. Sie können nur eine Tomatensorte oder mehrere Sorten verwenden. Eine Kombination aus roten und gelben Tomaten ist besonders schön. Basilikum oder Petersilie sind die offensichtliche Wahl für die Kräuter, aber Sie können auch eine Mischung aus Schnittlauch, Rosmarin, Minze oder was auch immer Sie zur Hand haben, verwenden.

Ich brate gerne im Voraus und werfe dann die Sauce bei Raumtemperatur mit heißen Nudeln wie Penne oder Fusilli. Meine Freundin Suzie O'Rourke erzählt mir, dass sie es am liebsten als Vorspeise auf gerösteten italienischen Brotscheiben serviert.

21/2 Pfund runde, Pflaumen-, Kirsch- oder Traubentomaten

4 Knoblauchzehen, sehr fein gehackt

Salz

Prise zerkleinerten roten Pfeffer

1/2 Tasse Olivenöl

1/2 Tasse gehacktes frisches Basilikum, Petersilie oder andere Kräuter

1. Stellen Sie einen Rost in die Mitte des Ofens. Heizen Sie den Ofen auf 400 ° F vor. Ölen Sie eine nicht reaktive 13 × 9 × 2-Zoll-Backform.

2. Grobe oder Pflaumentomaten grob in 1/2-Zoll-Stücke schneiden. Kirsch- oder Traubentomaten in Hälften oder Viertel schneiden.

3. Die Tomaten in der Pfanne verteilen. Mit Knoblauch, Salz und zerkleinertem rotem Pfeffer bestreuen. Mit dem Öl beträufeln und vorsichtig umrühren.

4. 30 bis 45 Minuten braten oder bis die Tomaten leicht gebräunt sind. Die Tomaten aus dem Ofen nehmen und die Kräuter einrühren. Heiß oder bei Raumtemperatur servieren.

Ragù im Abruzzen-Stil

Ragù Abruzzese

Macht etwa 7 Tassen

Das Gemüse für diesen Ragù bleibt ganz und einige der Fleischsorten werden am Knochen gekocht. Am Ende der Garzeit werden das Gemüse und die losen Knochen entfernt. Das Fleisch wird normalerweise aus der Sauce genommen und als zweiter Gang serviert. Servieren Sie diese Sauce mit klobigen Nudelformen wie Rigatoni.

3 Esslöffel Olivenöl

1 Pfund Schweineschulter mit einigen Knochen, in 2-Zoll-Stücke geschnitten

1 Pfund Lammhals oder Schulter mit Knochen, in 2-Zoll-Stücke geschnitten

1 Pfund Kalbseintopf ohne Knochen, in 1-Zoll-Stücke geschnitten

1⁄2 Tasse trockener Rotwein

2 Esslöffel Tomatenmark

4 Pfund frische Tomaten, geschält, entkernt und gehackt, oder 2 (28 Unzen) Dosen importierte italienische geschälte Tomaten mit ihrem Saft, die durch eine Lebensmittelmühle geleitet wurden

2 Tassen Wasser

Salz und frisch gemahlener schwarzer Pfeffer

1 mittelgroße Zwiebel

1 Rippensellerie

1 mittlere Karotte

1. In einem großen schweren Topf das Öl bei mittlerer Hitze erhitzen. Fügen Sie das Fleisch hinzu und kochen Sie es unter gelegentlichem Rühren, bis es leicht gebräunt ist.

2. Fügen Sie den Wein hinzu und kochen Sie, bis der größte Teil der Flüssigkeit verdunstet ist. Tomatenmark einrühren. Fügen Sie die Tomaten, Wasser und Salz und Pfeffer hinzu, um zu schmecken.

3. Fügen Sie das Gemüse hinzu und bringen Sie es zum Kochen. Decken Sie den Topf ab und kochen Sie ihn unter gelegentlichem Rühren etwa 3 Stunden lang, bis das Fleisch sehr zart ist. Wenn die Sauce dünn erscheint, decken Sie sie auf und kochen Sie sie, bis sie leicht reduziert ist.

4. Abkühlen lassen. Entfernen Sie alle losen Knochen und das Gemüse.

5. Vor dem Servieren aufwärmen oder abdecken und bis zu 3 Tage im Kühlschrank oder bis zu 3 Monate im Gefrierschrank lagern.

Neapolitanischer Ragù

Ragù alla Napolitana

Macht etwa 8 Tassen

Dieses herzhafte Ragù, das aus verschiedenen Rind- und Schweinefleischstücken hergestellt wird, wird von vielen Italienern und Amerikanern als "Soße" bezeichnet, die für das Mittagessen oder Abendessen am Sonntag zubereitet wird. Es ist ideal zum Werfen mit kräftigen Nudelformen wie Muscheln oder Rigatoni und zur Verwendung in gebackenen Nudelgerichten wie zNeapolitanische Lasagne.

Die Fleischbällchen werden gegen Ende der Garzeit in die Sauce gegeben, sodass Sie sie zubereiten können, während die Sauce köchelt.

2 Esslöffel Olivenöl

1 Pfund fleischige Schweinehalsknochen oder Spareribs

1 Pfund Rinderfutter in einem Stück

1 Pfund italienische Würstchen mit normalem oder Fenchelschweinefleisch

4 Knoblauchzehen, leicht zerkleinert

1/4 Tasse Tomatenmark

3 (28 bis 35 Unzen) können italienische geschälte Tomaten importieren

Salz und frisch gemahlener schwarzer Pfeffer nach Geschmack

6 frische Basilikumblätter, in kleine Stücke zerrissen

1 Rezept Neapolitanische Fleischbällchen, die größere Größe

2 Tassen Wasser

1. In einem großen schweren Topf das Öl bei mittlerer Hitze erhitzen. Das Schweinefleisch trocken tupfen und die Stücke in den Topf geben. Kochen, gelegentlich wenden, ca. 15 Minuten oder bis sie von allen Seiten schön gebräunt sind. Das Schweinefleisch auf einen Teller legen. Das Rindfleisch auf die gleiche Weise anbraten und aus dem Topf nehmen.

2. Die Würste in den Topf geben und von allen Seiten anbraten. Legen Sie die Würste mit dem anderen Fleisch beiseite.

3. Das meiste Fett abtropfen lassen. Fügen Sie den Knoblauch hinzu und kochen Sie 2 Minuten oder bis golden. Knoblauch wegwerfen. Tomatenmark einrühren; 1 Minute kochen.

4. Mit einer Lebensmittelmühle die Tomaten und ihren Saft in den Topf pürieren. Oder, für eine klobigere Sauce, hacken Sie einfach die Tomaten. Fügen Sie 2 Tassen Wasser und Salz und Pfeffer hinzu. Fügen Sie das Schweinefleisch, Rindfleisch, Würstchen und Basilikum hinzu. Die Sauce zum Kochen bringen. Decken Sie den Topf teilweise ab und kochen Sie ihn bei schwacher Hitze unter gelegentlichem Rühren 2 Stunden lang. Wenn die Sauce zu dick wird, fügen Sie etwas mehr Wasser hinzu.

5. In der Zwischenzeit die Frikadellen vorbereiten. Wenn die Sauce fast fertig ist, fügen Sie die Fleischbällchen der Sauce hinzu. 30 Minuten kochen lassen oder bis die Sauce dick ist und das Fleisch sehr zart ist. Nehmen Sie das Fleisch aus der Sauce und servieren Sie es als zweiten Gang oder als separate Mahlzeit. Die Sauce heiß servieren. Decken Sie es ab und lagern Sie es bis zu 3 Tage in einem luftdichten Behälter im Kühlschrank oder bis zu 2 Monate im Gefrierschrank.

Wurst Ragù

Ragù di Salsiccia

Macht 41/2 Tassen

Kleine Stücke italienisches Schweinswurstfleisch studieren diese Sauce aus Süditalien. Wenn Sie es scharf mögen, verwenden Sie heiße Würste. Servieren Sie diese Sauce aufKartoffel-Tortelli oder klobige Nudeln, wie Muscheln oder Rigatoni.

1 Pfund einfache italienische Schweinswürste

2 Esslöffel Olivenöl

2 Knoblauchzehen, fein gehackt

1/2 Tasse trockener Weißwein

3 Pfund frische Pflaumentomaten, geschält, entkernt und gehackt, oder 1 (28 Unzen) können italienische geschälte Tomaten mit ihrem Saft importieren, die durch eine Lebensmittelmühle geleitet werden

Salz und frisch gemahlener schwarzer Pfeffer

3 bis 4 frische Basilikumblätter, in Stücke gerissen

1. Entfernen Sie die Wurst aus den Hüllen. Das Fleisch fein hacken.

2. In einem großen Topf das Öl bei mittlerer Hitze erhitzen. Fügen Sie das Wurstfleisch und den Knoblauch hinzu. Unter häufigem Rühren ca. 10 Minuten kochen, bis das Schweinefleisch leicht gebräunt ist. Den Wein dazugeben und zum Kochen bringen. Kochen, bis der größte Teil des Weins verdunstet ist.

3. Tomaten und Salz nach Belieben einrühren. Zum Kochen bringen. Reduzieren Sie die Hitze auf niedrig. Unter gelegentlichem Rühren etwa 1 Stunde und 30 Minuten kochen, bis die Sauce eingedickt ist. Basilikum kurz vor dem Servieren einrühren. Heiß servieren. Kann im Voraus hergestellt und in einem dicht verschlossenen Behälter bis zu 3 Tage im Kühlschrank oder bis zu 2 Monate im Gefrierschrank aufbewahrt werden.

Ragù im Märchenstil

Ragù di Carne alla Marchigiana

Macht etwa 5 Tassen

In der Stadt Campofilone in den Marken Mittelitaliens findet jährlich ein Pastafestival statt, das Besucher aus aller Welt anzieht. Der Höhepunkt des Festes sind Maccheroncini, handgerollte Eiernudeln, die mit dieser würzigen Fleischsauce serviert werden. Eine Mischung aus Kräutern und einer Prise Nelken verleiht diesem Ragù einen besonderen Geschmack. Ein wenig Milch, die am Ende der Garzeit hinzugefügt wird, verleiht ihm ein glattes Finish. Wenn Sie diese Sauce vorzeitig zubereiten, fügen Sie die Milch kurz vor dem Servieren hinzu. Mit Fettuccine servieren.

1 Tasse hausgemacht Fleischbrühe oder im Laden gekaufte Rinderbrühe

1/4 Tasse Olivenöl

1 kleine Zwiebel, fein gehackt

1 Sellerierippe, gehackt

1 Karotte, gehackt

1 Esslöffel gehackte frische Petersilie

2 Teelöffel gehackter frischer Rosmarin

1 Teelöffel gehackter frischer Thymian

1 Lorbeerblatt

1 Pfund ohne Knochen Rindfleischfutter, in 2-Zoll-Stücke geschnitten

1 (28 Unzen) Dose importierte italienische geschälte Tomaten, abgetropft und durch eine Lebensmittelmühle geleitet

Prise gemahlene Nelken

Salz und frisch gemahlener schwarzer Pfeffer

1/2 Tasse Milch

1. Bereiten Sie gegebenenfalls die Brühe vor. Gießen Sie das Öl in einen großen Topf. Fügen Sie das Gemüse und die Kräuter hinzu und kochen Sie es bei mittlerer Hitze unter gelegentlichem Rühren 15 Minuten lang oder bis das Gemüse zart und golden ist.

2. Fügen Sie das Rindfleisch hinzu und kochen Sie es unter häufigem Rühren, bis das Fleisch braun ist. Mit Salz und Pfeffer bestreuen. Fügen Sie das Tomatenpüree, die Brühe und die Nelken hinzu. Zum Kochen bringen. Decken Sie die Pfanne teilweise ab und kochen Sie sie unter gelegentlichem Rühren, bis das Fleisch zart und die Sauce dick ist (ca. 2 Stunden).

3. Entfernen Sie das Fleisch, lassen Sie es abtropfen und hacken Sie es fein. Rühren Sie das gehackte Fleisch zurück in die Sauce.

4. Fügen Sie die Milch hinzu und erhitzen Sie sie 5 Minuten vor dem Servieren. Heiß servieren. Kann im Voraus hergestellt und in einem luftdichten Behälter im Kühlschrank bis zu 3 Tagen oder im Gefrierschrank bis zu 2 Monaten gelagert werden.

Toskanische Fleischsauce

Ragù alla Toscana

Macht 8 Tassen

Gewürze und Zitronenschale verleihen diesem Rinder- und Schweinefleischragù einen süßen Geschmack. Servieren Sie es mitpici.

4 Esslöffel ungesalzene Butter

1/4 Tasse Olivenöl

4 Unzen importierter italienischer Schinken, gehackt

2 mittelgroße Karotten

2 mittelrote Zwiebeln

1 große Sellerierippe, gehackt

1/4 Tasse gehackte frische flache Petersilie

1 Pfund ohne Knochen Rindfleischfutter, in 2-Zoll-Stücke geschnitten

8 Unzen italienische süße Würstchen oder gemahlenes Schweinefleisch

2 Pfund frische Tomaten oder 1 (28 Unzen) können gehackte italienische geschälte Tomaten importieren

2 Tassen hausgemacht Fleischbrühe oder im Laden gekaufte Rinderbrühe

1/2 Tasse trockener Rotwein

1/2 Teelöffel geriebene Zitronenschale

Eine Prise Zimt

Prise Muskatnuss

Salz und frisch gemahlener schwarzer Pfeffer nach Geschmack

1. In einem großen Topf die Butter bei mittlerer Hitze mit dem Olivenöl schmelzen. Schinken und gehacktes Gemüse dazugeben und unter häufigem Rühren 15 Minuten kochen lassen.

2. Rühren Sie das Fleisch ein und kochen Sie es unter häufigem Rühren etwa 20 Minuten lang, bis es braun ist.

3. Fügen Sie die Tomaten, Brühe, Wein, Zitronenschale, Zimt, Muskatnuss sowie Salz und Pfeffer nach Geschmack hinzu. Die Mischung zum Kochen bringen. Unter gelegentlichem Rühren ca. 2 Stunden kochen, bis die Sauce eingedickt ist.

4. Entfernen Sie die Rindfleischstücke aus dem Topf. Legen Sie sie auf ein Schneidebrett und hacken Sie sie in kleine Stücke. Rühren Sie das gehackte Fleisch in die Sauce. Heiß servieren. Kann im Voraus hergestellt und in einem luftdichten Behälter im Kühlschrank bis zu 3 Tagen oder im Gefrierschrank bis zu 2 Monaten gelagert werden.

Ragù nach Bologna-Art

Bolognese Sauce

Macht etwa 5 Tassen

In Tamburini, Bolognas bestem Gourmet- und Imbissladen, können Sie viele Arten von frischen Eiernudeln kaufen. Die bekanntesten sind Tortellini, nickelgroße Nudelringe, gefüllt mit Mortadella, einer fein gewürzten Schweinswurst. Die Tortellini werden entweder in Brodo, "Brühe", Alla Panna, in einer schweren Sahnesauce oder am besten in Al Ragù mit einer reichhaltigen Fleischsauce serviert. Das lange, langsame Garen des Soffritto - aromatisches Gemüse und Pancetta - verleiht dem Ragù nach Bolognese-Art einen tiefen, reichen Geschmack.

2 Tassen hausgemacht Fleischbrühe oder im Laden gekaufte Rinderbrühe

2 Esslöffel ungesalzene Butter

2 Esslöffel Olivenöl

2 Unzen Pancetta, fein gehackt

2 kleine Karotten, geschält und fein gehackt

1 Zwiebel, fein gehackt

1 zarte Sellerierippe, fein gehackt

8 Unzen gemahlenes Kalbfleisch

8 Unzen gemahlenes Schweinefleisch

8 Unzen Rinderhackfleisch

1/2 Tasse trockener Rotwein

3 Esslöffel Tomatenmark

1/4 Teelöffel geriebene Muskatnuss

Salz und frisch gemahlener schwarzer Pfeffer

1 Tasse Milch

1. Bereiten Sie gegebenenfalls die Brühe vor. In einem großen Topf die Butter bei mittlerer Hitze mit dem Öl schmelzen. Fügen Sie die Pancetta, Karotten, Zwiebeln und Sellerie hinzu. Kochen Sie die Mischung bei schwacher Hitze unter gelegentlichem Rühren, bis alle Aromen sehr zart sind und eine satte goldene Farbe haben (ca. 30 Minuten). Wenn die Zutaten zu stark bräunen, rühren Sie etwas warmes Wasser ein.

2. Fügen Sie das Fleisch hinzu und rühren Sie gut um. Kochen Sie unter häufigem Rühren, um die Klumpen aufzubrechen, bis das

Fleisch seine rosa Farbe verliert, aber nicht bräunt (ca. 15 Minuten).

3. Den Wein dazugeben und ca. 2 Minuten köcheln lassen, bis die Flüssigkeit verdunstet ist. Tomatenmark, Brühe, Muskatnuss einrühren und nach Belieben mit Salz und Pfeffer abschmecken. Die Mischung zum Kochen bringen. Bei schwacher Hitze unter gelegentlichem Rühren etwa 21/2 bis 3 Stunden kochen, bis die Sauce dick ist. Wenn die Sauce zu dick wird, fügen Sie etwas mehr Brühe oder Wasser hinzu.

4. Milch einrühren und weitere 15 Minuten kochen lassen. Heiß servieren. Kann im Voraus hergestellt und in einem luftdichten Behälter im Kühlschrank bis zu 3 Tagen oder im Gefrierschrank bis zu 2 Monaten gelagert werden.

Ente Ragù

Ragù di Anatra

Macht etwa 5 Tassen

Wildenten gedeihen in den Lagunen und Sümpfen Venetiens, und lokale Köche bereiten mit ihnen wunderbare Gerichte zu. Sie werden in Ragù so geröstet, geschmort oder zubereitet. Die reichhaltige Gamysauce wird mit Bigoli, dicken Vollkornspaghetti, die mit einem Torchio, einer handgekurbelten Nudelpresse, zubereitet werden, gegessen. Frische domestizierte Enten sind zwar nicht so aromatisch wie die wilde Sorte, aber ein guter Ersatz. Ich serviere die Sauce mit Fettuccine und den Entenstücken als zweiten Gang.

Lassen Sie den Metzger die Ente für Sie vierteln oder machen Sie es selbst mit einer Geflügelschere oder einem großen Kochmesser. Wenn Sie es lieber nicht verwenden möchten, lassen Sie einfach die Leber weg.

1 Entlein (ungefähr 51⁄2 Pfund)

2 Esslöffel Olivenöl

Salz und frisch gemahlener schwarzer Pfeffer nach Geschmack

2 Unzen Pancetta, gehackt

2 mittelgroße Zwiebeln, gehackt

2 mittelgroße Karotten, gehackt

2 Sellerierippen, gehackt

6 frische Salbeiblätter

Prise frisch geriebene Muskatnuss

1 Tasse trockener Weißwein

21⁄2 Tassen geschälte, entkernte und gehackte frische Tomaten

1. Spülen Sie die Ente innen und außen aus und entfernen Sie loses Fett aus dem Hohlraum. Schneiden Sie die Ente mit einer Geflügelschere in 8 Stücke. Schneiden Sie zuerst die Ente entlang des Rückgrats. Öffne die Ente wie ein Buch. Schneiden Sie die Ente mit einem schweren Messer der Länge nach zwischen den beiden Seiten der Brust in zwei Hälften. Schneiden Sie den Oberschenkel von der Brust ab. Trennen Sie Bein und Oberschenkel am Gelenk. Trennen Sie den Flügel und die Brust am Gelenk. Wenn Sie die Leber verwenden, schneiden Sie sie in Würfel und legen Sie sie beiseite.

2. In einem großen schweren Topf das Öl bei mittlerer Hitze erhitzen. Die Entenstücke mit Papiertüchern trocken tupfen. Fügen Sie die Entenstücke hinzu und kochen Sie sie unter gelegentlichem Rühren, bis sie von allen Seiten braun sind. Mit Salz und Pfeffer bestreuen. Nehmen Sie die Ente auf eine Platte. Alle bis auf 2 Esslöffel Fett ablöffeln.

3. Pancetta, Zwiebeln, Karotten, Sellerie und Salbei in die Pfanne geben. 10 Minuten unter gelegentlichem Rühren kochen, bis das Gemüse zart und golden ist. Den Wein dazugeben und 1 Minute köcheln lassen.

4. Die Ente wieder in den Topf geben und die Tomaten und das Wasser hinzufügen. Bringen Sie die Flüssigkeit zum Kochen. Decken Sie den Topf teilweise ab und kochen Sie ihn unter gelegentlichem Rühren 2 Stunden lang oder bis die Ente beim Durchstechen mit einer Gabel sehr zart ist. Bei Bedarf die Entenleber einrühren. Nehmen Sie die Pfanne vom Herd. Leicht abkühlen lassen, dann das Fett von der Oberfläche abschöpfen. Entfernen Sie die Fleischstücke mit einem geschlitzten Löffel aus der Sauce und geben Sie sie auf eine Platte. Zum Warmhalten abdecken.

5. Servieren Sie die Sauce mit heißer gekochter Fettuccine, gefolgt vom Entenfleisch als zweitem Gang. Das gesamte Gericht kann

bis zu 2 Tage im Voraus gekocht, in einem luftdichten Behälter aufbewahrt und gekühlt werden.

Kaninchen oder Huhn Ragù

Ragù di Coniglio o Pollo

Macht 3 Tassen

Zum Osteressen war es in unserem Haus traditionell, mit Pasta in einem Kaninchenragout zu beginnen. Für diejenigen in der Familie, die es ablehnen, Kaninchen zu essen, würde meine Mutter die gleiche Sauce mit Hühnchen machen. Angesichts der Milde von Kaninchenfleisch fand ich das Hühnchenragout immer viel schmackhafter. Lassen Sie den Metzger das Kaninchen oder Huhn für Sie zerschneiden.

1 kleines Kaninchen oder Huhn, in 8 Stücke geschnitten

2 Esslöffel Olivenöl

1 (28 Unzen) Dose importierte italienische geschälte Tomaten mit ihrem Saft, gehackt

1 mittelgroße Zwiebel, fein gehackt

1 mittelgroße Karotte, fein gehackt

1 Knoblauchzehe, fein gehackt

1/2 Tasse trockener Weißwein

1 Teelöffel gehackter frischer Rosmarin

Salz und frisch gemahlener schwarzer Pfeffer

1. In einer großen Pfanne das Öl bei mittlerer Hitze erhitzen. Das Kaninchen oder die Hühnchenstücke trocken tupfen und mit Salz und Pfeffer bestreuen. Legen Sie sie in die Pfanne und bräunen Sie sie von allen Seiten ca. 20 Minuten lang gut an.

2. Entfernen Sie die Stücke auf einem Teller. Alle bis auf zwei Esslöffel Fett in der Pfanne ablöffeln.

3. Zwiebel, Karotte, Knoblauch und Rosmarin in die Pfanne geben. Unter häufigem Rühren kochen, bis das Gemüse zart und leicht golden ist. Den Wein dazugeben und 1 Minute köcheln lassen. Führen Sie die Tomaten mit ihren Säften durch eine Lebensmittelmühle oder pürieren Sie sie in einem Mixer oder einer Küchenmaschine und geben Sie sie in den Topf. Nach Belieben Salz und Pfeffer hinzufügen. Reduzieren Sie die Hitze auf niedrig und decken Sie die Pfanne teilweise ab. 15 Minuten köcheln lassen, dabei gelegentlich umrühren.

4. Legen Sie das Fleisch wieder in die Pfanne. 20 Minuten unter gelegentlichem Rühren kochen, bis das Fleisch zart ist und abfällt oder sich leicht vom Knochen löst. Entfernen Sie die

Fleischstücke mit einem geschlitzten Löffel aus der Sauce und geben Sie sie auf eine Platte. Zum Warmhalten abdecken.

5. Servieren Sie die Sauce über heißer, gekochter Fettuccine, gefolgt von Kaninchen oder Hühnchen als zweitem Gang. Kann im Voraus hergestellt und in einem luftdichten Behälter im Kühlschrank bis zu 3 Tagen oder im Gefrierschrank bis zu 2 Monaten gelagert werden.

Steinpilze und Fleisch Ragù

Ragù di Funghi e Carne

Macht etwa 6 Tassen

Obwohl viel über die großen weißen Trüffel des Piemont geschrieben wurde, sind Steinpilze, die von den Franzosen Cèpes genannt werden, ein ebenso großer Schatz der Region. Nach dem Regen reichlich vorhanden, werden die dicken braunen Steinpilzkappen von kurzen, cremeweißen Stielen getragen, die ihnen ein molliges Aussehen verleihen. Ihr Name bedeutet kleine Schweine. Gegrillt oder geröstet mit Olivenöl und Kräutern ist der Pilzgeschmack süß und nussig. Da frische Steinpilze nur im Frühjahr und Herbst erhältlich sind, verlassen sich die Köche in dieser Region den Rest des Jahres auf getrocknete Steinpilze, um Saucen und Schmorgerichten einen reichen, holzigen Geschmack zu verleihen.

Getrocknete Steinpilze werden normalerweise in durchsichtigen Plastik- oder Zellophanverpackungen verkauft. Suchen Sie nach großen ganzen Scheiben mit einem Minimum an Krümeln und Schmutz am Boden des Beutels. Das Verfallsdatum sollte innerhalb des Jahres liegen. Der Geschmack verblasst mit zunehmendem Alter der Pilze. Lagern Sie getrocknete Steinpilze in einem dicht verschlossenen Behälter.

11⁄2 Tassen hausgemachtFleischbroth oder im Laden gekaufte Rinderbrühe

1 Unze getrocknete Steinpilze

2 Tassen warmes Wasser

2 Esslöffel Olivenöl

2 Unzen gehackte Pancetta

1 Karotte, gehackt

1 mittelgroße Zwiebel, gehackt

1 Sellerierippe, gehackt

1 Knoblauchzehe, sehr fein gehackt

11⁄2 Pfund gemahlenes Kalbfleisch

1⁄2 Tasse trockener Weißwein

Salz und frisch gemahlener schwarzer Pfeffer

1 Tasse gehackte frische oder eingemachte importierte italienische Tomaten

1⁄4 Teelöffel frisch geriebene Muskatnuss

1. Bereiten Sie gegebenenfalls die Brühe vor. In einer mittelgroßen Schüssel die Pilze 30 Minuten im Wasser einweichen. Heben Sie die Pilze aus der Einweichflüssigkeit. Die Flüssigkeit durch einen Papierkaffeefilter oder ein Stück angefeuchtetes Käsetuch in eine saubere Schüssel abseihen und beiseite stellen. Spülen Sie die Pilze unter fließendem Wasser ab und achten Sie dabei besonders auf die Basis, auf der sich der Boden sammelt. Die Pilze fein hacken.

2. Gießen Sie das Öl in einen großen Topf. Fügen Sie die Pancetta hinzu und kochen Sie sie bei mittlerer Hitze etwa 5 Minuten lang. Fügen Sie die Karotte, Zwiebel, Sellerie und Knoblauch hinzu und kochen Sie unter häufigem Rühren, bis sie zart und goldbraun sind, weitere 10 Minuten. Fügen Sie das Kalbfleisch hinzu und kochen Sie es, bis es leicht gebräunt ist. Rühren Sie es häufig um, um die Klumpen aufzubrechen. Fügen Sie den Wein hinzu und kochen Sie 1 Minute. Mit Salz und Pfeffer abschmecken.

3. Fügen Sie die Tomaten, Pilze, Muskatnuss und reservierte Pilzflüssigkeit hinzu. Zum Kochen bringen. 1 Stunde kochen lassen oder bis die Sauce eingedickt ist. Heiß servieren. Kann im Voraus hergestellt und in einem luftdichten Behälter im Kühlschrank bis zu 3 Tagen oder im Gefrierschrank bis zu 2 Monaten gelagert werden.

Schweinefleisch Ragù mit frischen Kräutern

Ragù di Maiale

Macht 6 Tassen

Bei Natale Liberale in Apulien aßen mein Mann und ich dieses gemahlene Schweinefleischragù auf Trokkoli, frischen Spaghetti im quadratischen Schnitt, ähnlich der Pasta alla Chitarra der Abruzzen. Es wurde von seiner Mutter Enza gemacht, die mir zeigte, wie sie mit einem speziellen Nudelholz aus geriffeltem Holz Blätter hausgemachter Eiernudeln schnitt. Der Ragù passt auch gut zu Orecchiette oder frischer Fettuccine.

Die Vielfalt der Kräuter macht Enzas Ragù unverwechselbar. Sie vertiefen den Geschmack der Sauce, wenn sie köcheln. Frische Kräuter sind ideal, aber gefrorene oder getrocknete Kräuter können ersetzt werden, obwohl ich getrocknetes Basilikum vermeide, was unangenehm ist. Ersetzen Sie frische Petersilie, wenn Basilikum nicht verfügbar ist.

4 Esslöffel Olivenöl

1 mittelgroße Zwiebel, fein gehackt

1/2 Tasse gehacktes frisches Basilikum oder flache Petersilie

1/4 Tasse gehackte frische Minzblätter oder 1 Teelöffel getrocknet

1 Esslöffel gehackter frischer Salbei oder 1 Teelöffel getrocknet

1 Teelöffel gehackter frischer Rosmarin oder 1/2 Teelöffel getrocknet

1/2 Teelöffel Fenchelsamen

1 Pfund gemahlenes Schweinefleisch

Salz und frisch gemahlener schwarzer Pfeffer

1/2 Tasse trockener Rotwein

1 (28 Unzen) Dose importierte italienische geschälte Tomaten mit ihrem Saft, gehackt

1. Geben Sie das Öl, die Zwiebel, alle Kräuter und die Fenchelsamen in einen großen Topf und stellen Sie die Hitze auf mittel. Unter gelegentlichem Rühren ca. 10 Minuten kochen, bis die Zwiebel zart und goldbraun ist.

2. Das Schweinefleisch einrühren, dann Salz und Pfeffer abschmecken. Kochen Sie unter häufigem Rühren etwa 10 Minuten, um die Klumpen aufzubrechen, bis das Schweinefleisch seine rosa Farbe verliert. Den Wein dazugeben und 5 Minuten köcheln lassen. Tomaten einrühren und 1 Stunde kochen lassen oder bis die Sauce eingedickt ist. Heiß servieren. Kann im Voraus hergestellt und in einem luftdichten Behälter im Kühlschrank bis zu 3 Tagen oder im Gefrierschrank bis zu 2 Monaten gelagert werden.

Trüffelfleisch Ragù

Ragù Tartufato

Macht 5 Tassen

In Umbrien werden dem Ragù am Ende der Garzeit schwarze Trüffel hinzugefügt, die in der Region angebaut werden. Sie verleihen der Sauce einen besonderen holzigen Geschmack.

Sie können den Trüffel weglassen oder einen Trüffel verwenden, der in Fachgeschäften erhältlich ist. Eine andere Alternative besteht darin, ein kleines Stück Trüffelöl zu verwenden. Verwenden Sie nur eine geringe Menge, da der Geschmack überwältigend sein kann. Servieren Sie diese Sauce mit frischer Fettuccine. Die Sauce ist so reichhaltig, dass geriebener Käse nicht benötigt wird.

1 Unze getrocknete Steinpilze

2 Tassen heißes Wasser

2 Esslöffel ungesalzene Butter

8 Unzen gemahlenes Schweinefleisch

8 Unzen gemahlenes Kalbfleisch

2 Unzen geschnittene Pancetta, fein gehackt

1 Sellerie-Rippe, halbieren

1 mittelgroße Karotte, halbiert

1 kleine Zwiebel, geschält, aber ganz gelassen

2 mittelgroße frische Tomaten, geschält, entkernt und gehackt, oder 1 Tasse importierte italienische Tomatenkonserven, abgetropft und gehackt

1 Esslöffel Tomatenmark

1/4 Tasse Sahne

1 kleiner schwarzer frischer oder in Scheiben geschnittener Trüffel, in dünne Scheiben geschnitten oder ein paar Tropfen Trüffelöl

Prise frisch geriebene Muskatnuss

1. Die Steinpilze mit dem Wasser in eine Schüssel geben. 30 Minuten einwirken lassen. Heben Sie die Pilze aus der Flüssigkeit. Die Flüssigkeit durch einen Kaffeefilter oder ein angefeuchtetes Käsetuch in eine saubere Schüssel abseihen und beiseite stellen. Waschen Sie die Pilze gut unter kaltem Wasser und achten Sie dabei besonders auf die Basis der Stängel, an denen sich Erde ansammelt. Die Pilze fein hacken.

2. In einem großen Topf die Butter bei mittlerer Hitze schmelzen. Fügen Sie das Fleisch hinzu und kochen Sie es unter Rühren, um Klumpen aufzubrechen, bis das Fleisch seine rosa Farbe verliert, aber nicht braun wird. Es sollte weich bleiben.

3. Den Wein dazugeben und 1 Minute köcheln lassen. Fügen Sie den Sellerie, die Karotte, die Zwiebel und die Pilze und 1 Tasse ihrer Flüssigkeit, die Tomaten und die Tomatenmark hinzu und rühren Sie gut um. 1 Stunde bei sehr schwacher Hitze kochen lassen. Wenn die Sauce zu trocken wird, etwas Pilzflüssigkeit hinzufügen.

4. Wenn der Ragù 1 Stunde lang gekocht hat, entfernen Sie den Sellerie, die Karotte und die Zwiebel. Die Sauce kann bis zu diesem Punkt zubereitet werden. Lassen Sie es abkühlen, lagern Sie es dann in einem luftdichten Behälter und kühlen Sie es bis zu 3 Tage oder lagern Sie es bis zu 2 Monate im Gefrierschrank. Erwärmen Sie die Sauce, bevor Sie fortfahren.

5. Fügen Sie kurz vor dem Servieren die Sahne, den Trüffel und die Muskatnuss zur scharfen Sauce hinzu. Vorsichtig umrühren, aber nicht kochen, um den Geschmack der Trüffel zu erhalten. Heiß servieren.

Butter-Salbei-Sauce

Salsa al Burro und Salvia

Macht 1/2 Tasse

Das ist so einfach, dass ich gezögert habe, es aufzunehmen, aber es ist die klassische Sauce für frische Eiernudeln, besonders für gefüllte Nudeln wie Ravioli. Verwenden Sie frische Butter und bestreuen Sie das fertige Gericht mit frisch geriebenem Parmigiano-Reggiano-Käse.

1 Stick ungesalzene Butter

6 Salbeiblätter

Salz und frisch gemahlener schwarzer Pfeffer

Parmesankäse

Die Butter mit dem Salbei bei schwacher Hitze schmelzen. 1 Minute köcheln lassen. Mit Salz und Pfeffer abschmecken. Mit heißen, gekochten Nudeln servieren und mit Parmigiano-Reggiano-Käse belegen.

Variation: Brown Butter Sauce: Kochen Sie die Butter einige Minuten lang, bis sie leicht bräunt. Lass den Salbei weg.

Haselnusssauce: 1/4 Tasse gehackte geröstete Haselnüsse in die Butter geben. Lass den Salbei weg.

Heiliges Öl

Olio Santo

Macht 1 Tasse

Italiener in der Toskana, in den Abruzzen und in anderen Regionen Mittelitaliens nennen dieses heilige Öl, weil es verwendet wird, um viele Suppen und Nudeln zu "salben", so wie gesegnetes Öl in bestimmten Sakramenten verwendet wird. Dieses Öl in Suppen träufeln oder in Nudeln werfen. Sei vorsichtig - es ist heiß!

Sie können getrocknete Chilis verwenden, die Sie in Ihrem Supermarkt finden. Wenn Sie auf einem italienischen Markt sind, suchen Sie nach Peperoncino oder "Peperoni", die in Paketen verkauft werden.

1 Esslöffel zerkleinerte getrocknete Chilis oder zerkleinerter roter Pfeffer

1 Tasse natives Olivenöl extra

In einer kleinen Glasflasche Paprika und Öl vermischen. Abdecken und gut schütteln. 1 Woche vor Gebrauch stehen lassen. An einem kühlen, dunklen Ort bis zu 3 Monate lagern.

Fontina-Käsesauce

Fonduta

Macht 13⁄4 Tassen

In der Locanda di Felicin in Monforte d'Alba im Piemont serviert der Besitzer Giorgio Rocca diese reichhaltige, köstliche Sauce in flachen Tellern, die mit rasierten Trüffeln als Vorspeise oder über Gemüse wie Brokkoli oder Spargel belegt sind. Probiere es anGnocchi, auch.

2 große Eigelb

1 Tasse Sahne

1⁄2 Pfund Fontina Valle d'Aosta, in 1⁄2-Zoll-Würfel geschnitten

In einem kleinen Topf Eigelb und Sahne verquirlen. Fügen Sie den Käse hinzu und kochen Sie ihn bei mittlerer Hitze unter ständigem Rühren, bis der Käse geschmolzen und die Sauce glatt ist (ca. 2 Minuten). Heiß servieren.

Bechamelsauce

Salsa Balsamella

Macht etwa 4 Tassen

Diese einfache weiße Sauce wird normalerweise mit Käse kombiniert und für gebackene Nudeln oder Gemüse verwendet. Das Rezept kann leicht halbiert werden.

1 Liter Milch

6 Esslöffel ungesalzene Butter

5 Esslöffel Mehl

Salz und frisch gemahlener schwarzer Pfeffer nach Geschmack

Prise frisch geriebene Muskatnuss

1. Erhitzen Sie die Milch in einem mittelgroßen Topf, bis sich am Rand kleine Blasen bilden.

2. Die Butter in einem großen Topf bei mittlerer Hitze schmelzen. Mehl hinzufügen und gut umrühren. 2 Minuten kochen.

3. Beginnen Sie langsam, die Milch in einem dünnen Strahl hinzuzufügen, und rühren Sie sie mit einem Schneebesen ein.

Zuerst wird die Sauce dick und klumpig, aber sie lockert sich allmählich und wird glatt, wenn Sie den Rest einrühren.

4. Wenn die gesamte Milch hinzugefügt wurde, Salz, Pfeffer und Muskatnuss unterrühren. Erhöhen Sie die Hitze auf mittel und rühren Sie ständig, bis die Mischung zum Kochen kommt. Noch 2 Minuten kochen. Vom Herd nehmen. Diese Sauce kann bis zu 2 Tage vor der Verwendung hergestellt werden. Gießen Sie es in einen Behälter, legen Sie ein Stück Plastikfolie direkt auf die Oberfläche und verschließen Sie es fest, um die Bildung einer Haut zu verhindern. Kühlen Sie dann ab. Bei schwacher Hitze erhitzen, bevor etwas mehr Milch hinzugefügt wird, wenn diese zu dick ist.

Knoblauchsoße

Agliata

Macht 11⁄2 Tassen

Knoblauchsauce kann mit gekochtem oder gegrilltem Fleisch, Hühnchen oder Fisch serviert werden. Ich habe es sogar mit heißen gekochten Nudeln für eine schnelle Mahlzeit geworfen. Diese Version stammt aus dem Piemont, obwohl ich auch Agliata gegessen habe, die in Sizilien ohne Nüsse hergestellt wurden. Ich mag den Geschmack, den die gerösteten Walnüsse geben.

2 Knoblauchzehen

2 oder 3 Scheiben italienisches Brot, Krusten entfernt

1⁄2 Tasse geröstete Walnüsse

1 Tasse natives Olivenöl extra

Salz und frisch gemahlener schwarzer Pfeffer

1. Kombinieren Sie in einer Küchenmaschine oder einem Mixer Knoblauch, Brot, Walnüsse sowie Salz und Pfeffer nach Geschmack. Prozess bis fein gehackt.

2. Bei laufender Maschine das Öl allmählich untermischen. Prozess bis die Sauce dick und glatt ist.

3. 1 Stunde vor dem Servieren bei Raumtemperatur stehen lassen.

Grüne Soße

Salsa Verde

Macht 11⁄2 Tassen

Obwohl ich in ganz Italien in der einen oder anderen Form grüne Sauce gegessen habe, ist diese Version meine Lieblingsversion, da das Brot eine cremige Textur verleiht und dabei hilft, die Petersilie in der Flüssigkeit zu halten. Ansonsten neigen die Petersilie und andere Feststoffe dazu, auf den Boden zu sinken. Grüne Sauce mit dem klassischen gekochten Fleischgericht Bollito Misto (Gemischtes gekochtes Fleisch), mit gegrilltem oder geröstetem Fisch oder über geschnittenen Tomaten, gekochten Eiern oder gedämpftem Gemüse. Die Möglichkeiten sind endlos.

3 Tassen locker verpackte frische Petersilie

1 Knoblauchzehe

1⁄4 Tasse krustenloses italienisches oder französisches Brot, gewürfelt

6 Sardellenfilets

3 Esslöffel abgelassene Kapern

1 Tasse natives Olivenöl extra

2 Esslöffel Rot- oder Weißweinessig

Salz

1. Petersilie und Knoblauch in einer Küchenmaschine fein hacken. Fügen Sie die Brotwürfel, Sardellen und Kapern hinzu und verarbeiten Sie sie, bis sie fein gehackt sind.

2. Fügen Sie bei laufender Maschine Öl und Essig sowie eine Prise Salz hinzu. Nach dem Mischen zum Würzen abschmecken. nach Bedarf anpassen. Decken Sie es ab und lagern Sie es bei Raumtemperatur bis zu zwei Stunden oder im Kühlschrank, um es länger zu lagern.

Sizilianische Knoblauch-Kapern-Sauce

Ammoghiu

Macht etwa 2 Tassen

Die Insel Pantelleria vor der Küste Siziliens ist sowohl für ihren aromatischen Dessertwein moscato di Pantelleria als auch für ihre hervorragenden Kapern bekannt. Die Kapern gedeihen und wachsen überall auf der Insel wild. Im Frühjahr sind die Pflanzen mit schönen rosa und weißen Blüten bedeckt. Die ungeöffneten Knospen der Blüten sind die Kapern, die in grobem Meersalz, einer weiteren lokalen Spezialität, geerntet und konserviert werden. Die Sizilianer glauben, dass das Salz den frischen Geschmack der Kapern besser bewahrt als Essig.

Diese ungekochte Sauce aus Kapern, Tomaten und viel Knoblauch ist ein sizilianischer Favorit für Fisch oder Pasta. Eine Möglichkeit, es zu servieren, ist mit knusprigem gebratenem Fisch oder Calamari.

8 Knoblauchzehen, geschält

1 Tasse Basilikumblätter, gespült und getrocknet

1/2 Tasse frische Petersilienblätter

Ein paar Sellerieblätter

6 frische Pflaumentomaten, geschält und entkernt

2 Esslöffel Kapern, gespült und abgetropft

1/2 Tasse natives Olivenöl extra

Salz und frisch gemahlener schwarzer Pfeffer

1. Knoblauch, Basilikum, Petersilie und Sellerieblätter in einer Küchenmaschine fein hacken. Fügen Sie die Tomaten und Kapern hinzu und verarbeiten Sie sie glatt.

2. Bei laufender Maschine nach und nach Olivenöl sowie Salz und Pfeffer nach Geschmack hinzufügen. Prozess bis glatt und gut gemischt. 1 Stunde vor dem Servieren stehen lassen. Bei Raumtemperatur servieren.

Petersilie-Ei-Sauce

Salsa di Prezzemolo und Uova

Macht 2 Tassen

In Trentino-Südtirol wird diese Sauce mit frischem Frühlingsspargel serviert. Hart gekochte Eier geben ihm einen reichen Geschmack und eine cremige Textur. Es passt gut zu pochiertem Hühnchen, Lachs oder Gemüse wie grünen Bohnen und Spargel.

4 große Eier

1 Tasse leicht verpackte frische Petersilie

2 Esslöffel Kapern, gespült, abgetropft und gehackt

1 Knoblauchzehe

1 Teelöffel geriebene Zitronenschale

1 Tasse natives Olivenöl extra

1 Esslöffel frischer Zitronensaft

Salz und frisch gemahlener schwarzer Pfeffer

1. Legen Sie die Eier in einen kleinen Topf mit kaltem Wasser, um sie zu bedecken. Das Wasser zum Kochen bringen. 12 Minuten kochen lassen. Lassen Sie die Eier unter kaltem fließendem Wasser abkühlen. Abgießen und schälen. Die Eier hacken und in eine Schüssel geben.

2. Petersilie, Kapern und Knoblauch in einer Küchenmaschine oder von Hand sehr fein hacken. Übertragen Sie sie in die Schüssel mit den Eiern.

3. Zitronenschale einrühren. Mit einem Schneebesen Öl, Zitronensaft sowie Salz und Pfeffer abschmecken. In ein Sauciere kratzen. Abdecken und 1 Stunde oder über Nacht kalt stellen.

4. Nehmen Sie die Sauce mindestens 1/2 Stunden vor dem Servieren aus dem Kühlschrank. Gut umrühren und zum Würzen abschmecken.

Variation: 1 Esslöffel gehackten frischen Schnittlauch einrühren.

Roter Pfeffer und Tomatensauce

Bagnetto Rosso

Macht etwa 2 Pints

Im norditalienischen Piemont wird diese Sauce in den Sommermonaten, in denen reichlich Gemüse vorhanden ist, in großen Mengen hergestellt. Der Name bedeutet "rotes Bad", weil die Sauce für gekochtes Fleisch oder mit Huhn, Nudeln, Omeletts oder rohem Gemüse verwendet wird.

4 große rote Paprika, gehackt

1 Tasse geschälte, entkernte und gehackte frische Tomaten

1 mittelgroße Zwiebel, gehackt

2 Esslöffel Olivenöl

1 Esslöffel Weinessig

1 Teelöffel Zucker

Prise zerkleinerten roten Pfeffer

Prise gemahlener Zimt

1. Kombinieren Sie in einem großen Topf alle Zutaten. Decken Sie den Topf ab und kochen Sie bei schwacher Hitze. Zum Kochen bringen. (Achten Sie darauf, dass es nicht versengt. Fügen Sie etwas Wasser hinzu, wenn nicht genügend Flüssigkeit vorhanden ist.) Kochen Sie 1 Stunde unter gelegentlichem Rühren, bis die Paprikaschoten sehr zart sind.

2. Leicht abkühlen lassen. Führen Sie die Zutaten durch eine Lebensmittelmühle oder einen Prozess, bis sie in einem Mixer oder einer Küchenmaschine glatt sind. Geschmack zum Würzen. Übertragen Sie die Sauce in dicht verschlossene Behälter und kühlen Sie sie bis zu 1 Woche oder frieren Sie sie bis zu drei Monate ein. Bei Raumtemperatur servieren.

Olivensauce

Salsa di Olive

Macht etwa 1 Tasse

Jarred Olivenpaste ist praktisch für ein schnelles Topping für Crostini oder diese einfache Sauce für gegrilltes Fleisch. Fein gehackte Oliven können ersetzt werden. Dies ist wunderbar auf Rinderfilet oder als Dip für Brot oder Focaccia.

1/2 Tasse schwarze Olivenpaste

1 Knoblauchzehe, geschält und mit der Seite eines Messers abgeflacht

1 Esslöffel schnippte frischen Rosmarin

1/2 Tasse natives Olivenöl extra

1 bis 2 Esslöffel Balsamico-Essig

In einer mittelgroßen Schüssel Olivenpaste, Knoblauch, Rosmarin, Öl und Essig verquirlen. Wenn die Sauce zu dick ist, verdünnen Sie sie mit etwas mehr Öl. Mindestens 1 Stunde bei Raumtemperatur stehen lassen. Entfernen Sie den Knoblauch vor dem Servieren.

Sonnengetrocknete Tomatensauce

Salsa di Pomodori Secchi

Macht etwa 3⁄4 Tasse

Diese Sauce über Steaks, kaltes Roastbeef oder Schweinefleisch oder für ein Antipasti über einen Block milden Ziegenkäses träufeln.

1⁄2 Tasse abgetropfte marinierte sonnengetrocknete Tomaten, sehr fein gehackt

2 Esslöffel gehackte frische Petersilie

1 Esslöffel gehackte Kapern

1⁄2 Tasse natives Olivenöl extra

1 Esslöffel Balsamico-Essig

Frisch gemahlener schwarzer Pfeffer

In einer mittelgroßen Schüssel alle Zutaten verquirlen. Vor dem Servieren 1 Stunde bei Raumtemperatur stehen lassen. Bei Raumtemperatur servieren. In einem luftdichten Behälter bis zu 2 Tage im Kühlschrank lagern.

Pfeffersauce nach Molise-Art

Salsa di Peperoni

Macht etwa 1 Tasse

Molise ist eine der kleinsten und ärmsten Regionen Italiens, aber das Essen ist voller Geschmack. Probieren Sie diese pikante Pfeffersauce - im Dialekt Jevezarola genannt - als Gewürz zu gegrilltem oder gebratenem Fleisch oder Hühnchen. Ich mag es sogar auf gegrilltem Thunfisch. Sie können Ihre eigenen verwendenEingelegte Paprikaschotenoder die im Laden gekaufte Sorte. Wenn Sie Ihr Essen scharf mögen, fügen Sie einige heiße rote eingelegte Paprikaschoten hinzu.

1 Tasse rot eingelegte Paprika, abgetropft

1 mittelgroße Zwiebel, gehackt

1 Esslöffel Zucker

4 Esslöffel Olivenöl

1. Paprika, Zwiebel und Zucker in eine Küchenmaschine oder einen Mixer geben. Mixen, bis alles glatt ist. Fügen Sie das Öl hinzu und mischen Sie gut.

2. Kratzen Sie die Mischung in einen kleinen schweren Topf. Kochen Sie unter häufigem Rühren etwa 45 Minuten lang, bis es sehr dick ist. Vom Herd nehmen und vor dem Servieren abkühlen lassen. Bei Raumtemperatur servieren. In einem luftdichten Behälter bis zu 1 Monat im Kühlschrank lagern.

Olivenöl Mayonnaise

Maionese

Macht 1 Tasse

Hausgemachte Mayonnaise macht den Unterschied, wenn sie einfach auf reifen Tomaten, hart gekochten Eiern, pochiertem Fisch, geschnittenem Hühnchen oder Sandwiches serviert wird. Um es zu machen, verwende ich gerne ein natives Olivenöl extra mit mildem Geschmack oder mische ein Öl mit vollem Geschmack zusammen mit Pflanzenöl. Machen Sie die Mayonnaise von Hand mit einem Schneebesen oder verwenden Sie einen Elektromixer.

Salmonellen in rohen Eiern wurden in den letzten Jahren stark reduziert. Wenn Sie jedoch Zweifel haben, können Sie einen vernünftigen Ersatz herstellen, indem Sie die Mayonnaise mit Tropfen Olivenöl und frischem Zitronensaft nach Geschmack verfeinern.

2 große Eigelb bei Raumtemperatur

2 Esslöffel frischer Zitronensaft

1/4 Teelöffel Salz

1 Tasse natives Olivenöl extra oder 1/2 Tasse Pflanzenöl plus 1/2 Tasse natives Olivenöl extra

1. Eigelb, Zitronensaft und Salz in einer mittelgroßen Schüssel hellgelb und dick verquirlen.

2. Wischen Sie weiter, während Sie das Öl ganz allmählich tropfenweise hinzufügen, bis sich die Mischung zu versteifen beginnt. Wenn es dick wird, das restliche Öl gleichmäßiger einrühren und sicherstellen, dass es absorbiert wird, bevor Sie mehr hinzufügen. Wenn das Öl zu irgendeinem Zeitpunkt nicht mehr absorbiert wird, geben Sie das Öl nicht mehr hinzu und verquirlen Sie es schnell, bis die Sauce wieder glatt ist.

3. Würzen und Gewürze anpassen. Sofort servieren oder abdecken und bis zu 2 Tage im Kühlschrank lagern.

Variation: Kräutermayonnaise: 2 Esslöffel sehr fein gehacktes frisches Basilikum oder Petersilie einrühren. Zitronenmayonnaise: 1/2 Teelöffel geriebene frische Zitronenschale einrühren.

CPSIA information can be obtained
at www.ICGtesting.com
Printed in the USA
LVHW050804130422
716028LV00014B/640

9 781804 505403